8 LEYES UNIVERSALES

LEYES
UNIVERSALES

8 LEYES UNIVERSALES

GUÍA PARA ALCANZAR LA PLENITUD

FER BROCA

Inner Traditions en Español
Rochester, Vermont

Inner Traditions en Español
One Park Street
Rochester, Vermont 05767
www.InnerTraditions.com

Inner Traditions en Español es un sello de Inner Traditions International

Copyright © 2025 por Fer Broca

Todos los derechos reservados. Ninguna parte de este libro podrá ser reproducida o utilizada en cualquier forma o por cualquier medio, electrónico o mecánico, incluyendo fotocopias, grabaciones, o por cualquier sistema de almacenamiento y recuperación de información, sin el permiso por escrito de la editorial.

ISBN 979-8-88850-229-7 (impreso)
ISBN 979-8-88850-230-3 (libro electrónico)

Impreso y encuadernado en Estados Unidos

10 9 8 7 6 5 4 3

Maquetación por Alfonso Reyes Gómez.
Este libro se ha tipografiado en Adobe Garamond, Garamond Premier, Span Compressed, Le Monde Sans Std como fuentes de visualización.

Para enviar correspondencia al autor de este libro, envíele una carta por correo c/o Inner Traditions • Bear & Company, One Park Street, Rochester, VT 05767, y le remitiremos la comunicación, o póngase en contacto con el autor directamente a través de **Facebook© https://facebook.com/9ferbroca**

Escanea el código QR y ahorra un 25 % en Inner Traditions.com
Explora más de 2.000 títulos en español e inglés sobre espiritualidad, ocultismo, misterios antiguos, nuevas ciencias, salud holística y medicina natural.

Contenido

Introducción   9

Sobre las leyes universales   19

Capítulo 1

Ley universal I:
Principio de unicidad   39

Capítulo 2

Ley universal II:
Principio de generación   51

Capítulo 3

Ley universal III:
Principio de resonancia   67

Capítulo 4

Ley universal IV:
Principio del karma   99

Capítulo 5

Ley universal V:
Principio del *dharma*   131

Capítulo 6

Ley universal VI:
Principio de *Wu Wei*   147

Capítulo 7

Ley universal VII:
Principio del *ollin*   171

Capítulo 8

Ley universal VIII:
La paz   203

Las cadenas de la ignorancia   211

Palabras finales   216

Lecturas recomendadas por Fer Broca   219

Libros de interés relacionado de
Inner Traditions   221

A la alegría, la bondad, el amor, la sabiduría y la paz.
Estas también son leyes imprescindibles.

Lo que serás es lo que haces
a partir de ahora.
—Buda

Introducción

*En el conocimiento profundo se halla la llave
que abre las puertas a la plenitud total.*

Mi corazón latía con fuerza, no de miedo sino de emoción por lo que estaba a punto de suceder; el día había llegado…

Un colorido andar me esperaba mientras caminaba lentamente sobre tantos adoquines llenos de historia. "Ya estoy aquí". Mi mente no encontraba calma durante mi andar. Claro, no podía ser de otra forma cuando la brisa del Sena me acariciaba el rostro para confirmar que todo lo que admiraba era real. ¡Estaba en París!

Me sentía muy feliz y agradecido con el universo, pues lo que estaba viviendo no era un espejismo. Llegué hasta una hilera de turistas y me ubiqué al final, contando los pasos que me faltaban para ingresar. Por fin tenía frente a mí la majestuosa catedral que tantas veces había contemplado en fotografías, y estaba a instantes de cumplir uno de los mayores sueños de mi infancia: conocer Notre Dame.

Allí estaba yo frente a esa imponente construcción; tan sobria, tan bella, tan mística, tan absurdamente atractiva. Llevaba años invitándome a presenciar su poder materializado por las fuerzas sutiles y la sabiduría ancestral. Su fachada esculpida merecía ser contemplada un largo rato; sin embargo, la fila avanzaba y, en menos de lo esperado, ya había traspasado una de las tres magníficas puertas de la entrada.

En ese momento tuve plena consciencia de que me encontraba en un espacio con mensajes ocultos que se develan solamente a aquellos que saben percibir más allá de la obviedad. Con la mente y el alma prestos a escuchar, mis pies avanzaron sobre las losas de ese templo donde el tiempo parecía haberse detenido. Esta vez fueron mis ojos los impactados por la grandiosidad de las más de mil vidrieras y cúpulas tejidas que parecían tocar el cielo.

Fui haciendo el recorrido envuelto en la solemnidad del sonido sagrado. Admiré los vitrales coloridos, las pequeñas esculturas, la delicadeza del arte... De pronto llegué a un pequeño recinto que me hizo estremecer: una capilla dedicada a la Virgen de Guadalupe.

En un abrir y cerrar de ojos, la imagen de la gran madre de México me llevó de vuelta a mi tierra natal y volví a ser el inocente niño de vecindad que un día fui: un pequeño de seis o siete años que escudriñaba revistas y calendarios en busca de tesoros. Mi mano marcaba el rumbo de las tijeras disfrutando recortar las fotografías de los palacios y las iglesias más bellas del mundo.

Para ese entonces me deleitaba viajando a través de mis sueños, y con ese propósito me había convertido en un explorador de imágenes que capturaban mi atención. Había muchas estampas, pero elegía fundamentalmente aquellas con las que sentía una atracción o una conexión especial. Cada vez que hallaba alguna, la recortaba con mucho cuidado y la colocaba con reverencia en las paredes de mi habitación. No lo sabía en ese momento, pero aquella selección de imágenes marcaría la ruta espiritual de mi vida y me conduciría a encontrarme en lugares y países que en ese momento me parecían inalcanzables.

Mis papás me observaban conmovidos, pero incrédulos. Para ellos se trataba de simples fantasías de un muchachito, de ilusiones ingenuas que se esfumarían al chocar con la dura realidad. Ellos pensaban así, porque de esa manera lo habían aprendido. Parecía simplemente imposible que un niño como yo alcanzara aquellos sueños tan lejanos.

Mucha gente piensa que, por venir de un hogar modesto, con recursos económicos limitados, no se puede llegar demasiado lejos; pero no... yo pensaba diferente. Algo me decía que esos lugares, que de algún modo había escogido, me estaban esperando; entre ellos, el legendario edificio que justamente estaba recorriendo. Lo visualicé desde pequeño y ahora de adulto se materializaba ese deseo que tanto soñé.

Como relataba Víctor Hugo, a quien leí con verdadera pasión, esperaba encontrarme a Cuasimodo entre las gárgolas de la catedral, tal como aparece en la obra inmortal *Nuestra Señora de París*.

Recuerdo que mi niñez estuvo marcada siempre por una gran curiosidad y un insaciable deseo de aprender; por eso adoraba sumergirme entre los libros de mi abuelito. Expediciones a remotas ruinas, recorridos por castillos, enigmáticos monumentos, antiguas civilizaciones... cerraba los ojos y me imaginaba transitando con total placer por esos paisajes. Podía incluso olerlos, sentir el viento, imaginar los árboles, hacer contacto con la tierra. "Algún día estaré allí", me decía todo el tiempo, saboreándome el instante.

"Eso queda muy lejos" y "llegar allá cuesta una fortuna de dinero" me decían en casa. Yo escuchaba en silencio cuando los adultos afirmaban estas cosas. Según ellos, pertenecíamos a un mundo que nos impedía tener ese tipo de expectativas. Sin embargo, una voz dentro de mí, una fuerza profunda, combatía esa idea y me abría a creer que sí era posible.

Y es que, al igual que mucha gente, yo crecí en un sistema de creencias donde gran cantidad de cosas se etiquetaban de "imposibles". Así fui convirtiéndome en un joven para quien era normal oír que no era posible viajar en avión, que no era posible entrar a un castillo. Sencillamente no podíamos darnos siquiera el lujo de soñar.

"No te ilusiones, Fer. Eso es para otros". Pero yo no dejé de aguardar lo contrario. Tenía una enorme inquietud por descubrir lo que había más allá de lo que se veía. Y, ¿sabes?, ese impulso se incrementó cuando empecé a experimentar visiones y premoniciones.

Descubrir ese don en mí fue muy complejo, pues no tenía cómo conversarlo, cómo desarrollarlo sin que me cuestionaran y me juzgaran por ello.

Fui educado en una familia católica cristiana, con costumbres conservadoras, muy de provincia, y ese entorno me ponía cuesta arriba cuando se trataba de comprender y convivir con habilidades "especiales". Fueron muchos los llamados de atención y los regaños que recibí por expresar cómo era que yo percibía algunas cosas, de una manera muy diferente de la de los demás. A pesar de todo, yo seguía estando ahí con mi percepción particular del mundo.

Para mí era frecuente la sensación de que, cuando algo sucedía, había unos hilos ocultos que se movían para que pasara. Esa corazonada me empujó a explorar, a investigar, a leer aún más.

De pequeño, andaba con un libro o una revista *Selecciones* bajo el brazo. Ya de adolescente, empecé a indagar sobre temas un poco más avanzados en materia espiritual. Mi abuelo, como buen masón que era, tenía una biblioteca con tomos muy antiguos que se relacionaban con lo esotérico y lo místico. Eso me atrapó.

Fue así como a los doce años terminé leyendo un libro complejo para mi edad: *La reencarnación*, de Papus. Al llegar a la última página de este libro, la vida me cambió. Entendí que detrás de mis aparentes limitaciones sociales y mis restricciones económicas había un universo de posibilidades que podían traspasar cualquier barrera, por impenetrable que pareciera.

A los trece años empecé a realizar mis primeras visualizaciones conscientes y a formular decretos, ahora reconozco que bastante mal hechos. Mis métodos eran simples, pues era apenas un principiante, un muchacho de secundaria. Para mi fortuna, se cruzó en mi camino un profesor inolvidable, pues señalaría un verdadero parteaguas en mi vida. Se trataba de mi profesor de español, quien me puso en contacto con lecturas que desataron los nudos de mi pensamiento en relación con los chakras, la meditación y los mantras.

Este profesor, de marcadas inquietudes espirituales, me habló acerca de la práctica de la meditación y del funcionamiento de las energías del universo. Conversar con él fue para mí una tremenda revelación que me impulsó y me dio ánimos para profundizar en estos y otros temas relacionados con las fuerzas del universo. Él me permitió entender que lo que yo presentía en efecto existía, y que además estos fenómenos se habían estudiado desde tiempos remotos.

Fue un gran alivio saber que al menos un adulto respetable (no un charlatán) se interesaba por los asuntos que me cautivaban. En ese periodo fue cuando empecé a descubrir que hay vínculos invisibles entre el mundo que vemos y el mundo de las energías, y que estas últimas intervienen en todo lo que hacemos.

A medida que iba avanzando en edad, más difícil me resultaba convivir con las ideas limitantes con que me habían adoctrinado desde chico. Estos paradigmas pesados me asfixiaban como una camisa de fuerza e interferían con mi crecimiento personal. Me di cuenta de que muchos planteamientos condicionaban negativamente mi pensamiento y mi forma de actuar, y yo quería deshacerme de eso.

Mi búsqueda me llevó a descubrir que el universo se expandía infinitamente, mucho más allá de lo que me habían enseñado.

Entonces, la imparable curiosidad que hasta hoy me acompaña me llevó a investigar con total seriedad sobre varios temas, entre ellos las técnicas alternativas de sanación, el poder de la meditación, el poder de la mente y la práctica del *reiki*.

Puse mucho de mi parte, sacrifiqué muchas cosas y me fui disciplinando para alcanzar mis metas. Llegué a ahorrar meses para poder cursar clases sobre energía universal y descubrir el funcionamiento de los chakras. Pero valió el esfuerzo, porque encontré plenitud y felicidad total recorriendo ese camino de conocimiento.

Al cumplir los 18 años, fui llamado por un gran maestro espiritual, quien me invitó a Chiapas para continuar mi formación junto a él. Para mí fue un verdadero honor convertirme en discípulo de ese maravilloso ser, de quien aprendí tanto y a quien, hasta el día de hoy, sigo llamando Maestro con respeto y admiración.

En esa misma época decidí lanzarme a enseñar, porque comprendí que había llegado el momento de compartir los aprendizajes con otras personas que tuvieran la misma inquietud de crecer y mejorar su vida. Inicié con un grupo pequeño de personas que luego fue creciendo. Hoy somos miles compartiendo el camino.

Me di cuenta del enorme poder que trae consigo la capacidad de compartir el conocimiento, la sabiduría, enseñar y aplicar los conocimientos místicos, así como las leyes universales de las cuales aprenderás más adelante.

Al poner en práctica lo que iba aprendiendo, presencié maravillado el florecimiento de muchas oportunidades en mi vida, y cuanto más me adentraba en la práctica, más me daba cuenta de que había empezado a comprender cómo operaban las reglas del juego cósmico de las energías. Pero para que las leyes universales puedan manifestarse se requiere un trabajo personal; por eso me dediqué a afinar y perfeccionar su aplicación primero en mi propio ser. Llegué a tal nivel que pude contemplar la materialización de eventos que, a juicio de muchos, eran completamente imposibles.

Fue así como, más pronto de lo que pensaba, las energías y las fuerzas del universo se alinearon para darme enormes regalos; entre ellos, visitar los sitios que conformaban mi colección de las anheladas imágenes de mi infancia.

Ese mismo Fer al que le habían repetido que aquello era impensable llegó a conocer la catedral de Notre Dame, el Tíbet, Egipto, el Vaticano, viajó a Machu Picchu; incluso recorrió castillos por toda Europa. También hice viajes memorables a lugares remotos como la India, Nueva Zelanda, Vietnam, Bután e Islandia. Hasta ahora he alcanzado a visitar más de 85 países, atravesando los siete mares y recorriendo los cinco continentes.

Entre mis múltiples experiencias de infancia, recuerdo que solía acompañar a mi papá hasta una montañita allá en Praderas de San Mateo, por Lomas Verdes, en el Estado de México. Era como una especie de mirador que tenía una vista preciosa de toda la ciudad. Mi padre siempre me decía: "Ya verás, Fer, que aquí voy a comprar un terreno". Pasaron 25 años y el proyecto de mi papá nunca se consumó.

No obstante, la semilla de ese sueño quedó sembrada en mí y pude verla germinar. Al cumplir mis 32 años logré comprar un departamento en un piso elevado de un edificio levantado precisamente en ese pequeño cerrito. Todos los días, al despertarme, pude disfrutar de esa increíble vista y esa ubicación privilegiada.

Nadie en mi familia hubiera pensado que yo podría llegar a vivir en un espacio así; sin embargo, sucedió.

Todos estos logros y muchos más surgieron como consecuencia de poner en práctica las leyes universales. Aprendí algunas de estas leyes de mis maestros, otras en mis viajes y otras por mi cuenta, reconociendo más la sabiduría ancestral.

Las leyes universales son herencia del pensamiento de culturas ancestrales, pero muy avanzadas en lo espiritual, que se han desarrollado en distintos tiempos y espacios. Muchas corrientes filosóficas y místicas del mundo coinciden en la práctica de estos principios esenciales y verdaderos.

Aunque he estudiado y practicado gran cantidad de leyes, me propuse realizar una selección minuciosa de las que, a mi parecer, son verdaderamente más transformadoras y poderosas. Elegí las que tienen mayor aplicación en la vida cotidiana y generan los resultados más formidables. De ahí, de mi corazón, del estudio, del pensamiento, de la reflexión, de la introspección, de la práctica y de un vasto recorrido y conocimiento, surgen estas valiosísimas leyes que ahora te comparto.

Al paso de los años he incorporado los principios de estas leyes a mis acciones, pensamientos y circunstancias determinadas de mi vida, y puedo afirmar con total responsabilidad que, cuando son bien aplicadas desde la consciencia y el amor, inevitablemente funcionan.

Gracias a la práctica de estos principios, hoy soy una persona feliz. Tengo una vida plena, sostenida en valores, convicciones y objetivos muy claros. Todo lo que hago y comparto está regido por la consciencia, la paz y la armonía.

Por más de dos décadas me he dedicado a acompañar a miles de personas en sus procesos de transformación, y he sido testigo de su increíble evolución tanto espiritual como material en todos los ámbitos: personal, colectivo, familiar y social.

He tenido también el gusto de poder influir positivamente en la vida de quienes desean despertar. Para ello me he servido de diferentes medios, como la radio, la televisión, la publicación de libros, los muchos talleres que he conformado, cursos, viajes, retiros y conferencias que he impartido por todo el mundo.

Por todo ello me siento muy agradecido por la vida que tengo. Aprecio la labor que hago y la manera de compartir lo que soy con los demás; me siento satisfecho con quien soy ahora, con la familia maravillosa con la que comparto en un espacio de armonía y de paz.

A través de la meditación, la reflexión y el estudio profundo he conseguido tener acceso a un conocimiento especial para construir plenitud y abundancia. Este conocimiento se resume en las ocho leyes universales que hoy pongo a tu servicio para que también tú participes de la felicidad y la abundancia que el universo contiene para ofrecernos.

Te invito a que te decidas a dar un paso hacia adelante, y a que, en consciencia, te prepares aprendiendo, practicando y aplicando estas leyes para recibir la vida plena que te corresponde.

Permíteme acompañarte en este hermoso camino de evolución y despertar.

Fer Broca

*Las leyes básicas del
universo son simples pero,
debido a que nuestros
sentidos son limitados, no
podemos comprenderlas.*

—ALBERT EINSTEIN

Sobre las leyes universales

Las leyes universales rigen todo lo que conoces... y todo lo que no conoces.

¿Te imaginas hacer realidad todo lo que alguna vez soñaste con ser o poseer? Ahora piensa que dicha idea ya no es parte de tu imaginación, sino un elemento fáctico, tangible, producto de tu esmero y creación amorosa. Pero... ¿cómo es posible esta alquimia de sueños en algo real? La respuesta la hallarás aquí.

Estamos en un viaje, en un camino de transformación donde lo esencial es aplicar a la vida todo lo positivo que vas aprendiendo. Lo que encontrarás en estas páginas no son reglas para santos, ni lineamientos para místicos, tampoco son doctrinas para ascetas; se trata de principios, leyes que van dirigidas a todos, pues de otra manera no serían universales.

Las leyes universales son principios que todos tenemos que conocer y aplicar para vivir mejor.

Cuando empezaba la construcción de este libro casi me vuelvo loco, porque existen tantas leyes en el universo que tenía más de setenta para compartir. Yo deseaba que mi propósito no fuese limitado a un aprendizaje conceptual, sino que abarcara conocimientos específicos para ser integrados a la vida cotidiana de cualquier persona en búsqueda de abundancia. Por eso me pareció más práctico seleccionar los principios que considero verdaderamente elementales y así crear una escalera de nueve peldaños que pudieran darle firmeza a la compresión de las leyes universales.

Entre todo este conocimiento milenario seleccioné ocho claves fundamentales. Estas claves no funcionan de manera aislada. Cada principio es madre y padre de otro que va dándole causa al principio que sigue; de esta forma se convierte todo en un entramado de leyes interconectadas entre sí.

Todas las leyes universales explicadas en este libro provienen de diversas corrientes espirituales. Todas sin excepción poseen un origen evolutivo. Cuando hablo de evolución, hay que recordar que el cristianismo, el islam o el budismo han abrazado sus cambios a lo largo del tiempo. La mayoría de las doctrinas prácticamente hablan de los mismos temas, pero claro, lo hacen de diferentes maneras.

Amor, compasión, perdón y misericordia son temas presentes en las tradiciones espirituales alrededor de todo el mundo. Ironía de la vida es saber que llevan siglos de pregonarse por cada rincón, en diversas culturas, y que todavía dejen de ponerse en práctica porque la gente no sabe cómo ejecutarlas a consciencia y desde la fuente creadora que las rige. Cuando entendamos que la petición debe hacerse a la fuerza superior, sin importar el nombre o la forma que adopte dicha fuerza, el resultado será el óptimo. Hay enseñanzas preciosas en el chamanismo, el hinduismo, el sufismo, el judaísmo, el cristianismo, el islam y en todas las doctrinas espirituales. Por lo tanto, me permitiré utilizar palabras y conceptos de la tradición que más exalte el principio universal que trabajaremos en específico, y lo haré para honrar a la corriente espiritual que le otorga mayor énfasis a dicha ley.

Las leyes o los principios universales rigen el flujo, el movimiento, la energía y la vibración de todo; pero, cuando hablamos de todo, nos referimos a la consciencia del conjunto, es decir, todo lo que ves, todo lo que conoces, todo lo que percibes. Asimismo, controlan todo lo que desconoces o que no alcanzas a percibir.

Muchos, en su afán de concebirse como figuras de sabiduría, pudieran pensar que conocen la totalidad de la ley universal, pero en realidad no es así. ¿Cómo podrían terminar de comprender un principio que es de evolución infinita? Un ejemplo menos abstracto puede ser que un abogado que estudió en España quisiera litigar en Francia, solo porque conoce en su "totalidad" la ley española.

Claramente, la intención rayaría en lo absurdo, porque las leyes no se aplican de la misma forma en ambos países, por más experto que se considere en ellas. Nadie conoce la totalidad de la ley.

Cuando hablo de las leyes universales me refiero a la totalidad de la totalidad, no de la mía ni de la tuya, sino de todas las realidades existentes y comprendidas. Las leyes universales sirven para todos, tanto para tu vecina en México en 2025, como para las princesas en la India del siglo XII.

¿También te servirán? Sí, también. ¿Qué te hace pensar que solo favorecen a unos cuantos, a un reducido nicho y que tú no puedes beneficiarte de ellas? Porque recuerda que, a pesar del desconocimiento que tengas, las leyes también gobiernan todo lo que ignoras. Por ende, las leyes universales van a servir para ti, para tus hijos y para tus nietos, no importa si vienen explicadas en un *iPad* o si están escritas en pergamino antiguo; no importa si son jeroglíficos de un rollo egipcio o si fueron enseñadas por un filósofo en alguna plaza de Atenas. Estas leyes son universales, estemos conscientes de ellas o no.

No están sometidas a referendo ni a votaciones; simplemente son como son. Podemos entenderlas o no, pero su naturaleza es siempre completa. La ley universal es todo; por eso, cuando la estudiamos nos saca de nuestra caja, de nuestra zona de confort; nos saca de nuestra limitada percepción de la "realidad".

El hecho de que una persona no sepa que la exposición al sol quema la piel no la excluye de quemarse si está mucho tiempo bajo la luz solar. El hecho de que una persona no sepa que se considera infracción rebasar el límite de velocidad en un país extranjero no la va a librar de una multa por ir rápido. Insisto, el hecho de que nosotros desconozcamos las leyes universales no nos libera de su influjo, de su presencia, de su mandato ni de su fuerza vital.

Para explicar varias de las leyes tomaré como referencia algunas enseñanzas filosóficas y espirituales de la tradición religiosa en India. La tradición védica proviene de 5,000 años antes de Cristo, por lo que es una de las más antiguas del mundo.

Esto significa que, antes de que existiera la filosofía tal como la conocemos hoy, los hindúes ya se encontraban trabajando en materia del desarrollo espiritual.

Existe una sucesión de principios espirituales que provienen de tradiciones de tipo chamánico, que luego mutaron al brahmanismo y finalmente fueron convertidos en otra escuela de filosofía dentro del hinduismo, a la cual se le conoce como *vedanta*.

Los hindúes cuentan en sus mitos de creación que el espíritu universal (Brahma) no necesita nada. Así que, cuando la gente piensa que la divinidad nos creó, a veces suponemos que nos necesitaba para algún plan maestro, que nuestra creación tiene un propósito superior que requiere nuestra asistencia, pero no es así. La energía divina y creadora no necesita de los seres humanos, mucho menos requiere justificar nuestra existencia. Digamos que fuimos creados por serendipia, porque el universo estaba jugando como haría un artista que se planta frente a un lienzo en blanco, con una paleta llena de colores y muchos pinceles tirando trazos al azar. Si bien el resultado es una hermosa pintura, no creas que fue hecha bajo pedido de algún particular; no, todo se trataba de un juego...

Sí, para los hindúes, la creación es un juego y ese juego no ha terminado aún. La creación se sigue dando cada día; por eso cada alma nueva tiene mucho por seguir aprendiendo.

Entonces, esta presencia original, esta fuente central de energía sigue creando, sigue manifestándose, es decir, sigue en juego y, como en todo juego, hay reglas que seguir para continuar jugando. En otras palabras, la creación está en marcha todavía, y eso es la piedra angular de cómo y por qué funcionan las leyes universales.

Si verdaderamente comprendemos que el universo no está terminado ni definido, si aceptamos que no está limitado, entonces, como miembros de esa propia creación, podremos colocarnos como actores del cambio, es decir, ser cocreadores sobre la realidad que se va manifestando en tiempo presente para diseñar un futuro a la medida de nuestros sueños.

Digamos que mientras una casa no esté terminada, todavía pueden hacerse cambios y transformaciones: se puede pintar una pared, poner tapices, alfombras, pisos o cambiar un muro; pero si ya está acabada, el deseo de transformar implica tirar lo que se ha construido para hacer las modificaciones pertinentes. De igual forma, el universo continúa "en obra", pues todavía sigue dándose ese movimiento expansivo de la creación.

Según los *Vedas*, los *Upanishads* y los cánones hindúes, al principio todo surgió luego de que un acto de inhalación de la energía creadora se llevara a cabo y, del mismo modo, tras su exhalación emergió la luz.

Algunos astrofísicos que estudian la creación del universo (cosmogénesis) cuentan que hubo una contracción del universo (*Big Bang*) en la que se condensó la energía en algún punto del espacio y que, luego, dicha energía explotó sin haber aún acabado la expansión a nivel energético. En ese sentido, el universo sigue en una constante exhalación, creando nuevos planetas, emitiendo nuevas vibraciones, generando todas las posibilidades existentes y también las que no conocemos.

Así pues, es tan potente la presencia del espíritu divino en la creación que su exhalación, su espíritu, sigue expandiéndose y creando. La palabra "espíritu" significa viento o suspiro; con esta definición es más fácil comprender que ese espíritu continúe su labor creativa. Ahora bien, si logras conducirte por ese poderoso hálito, también puedes ayudar a cocrear la realidad; puedes intervenir en el diseño, en la manifestación, en la proyección de lo que está ocurriendo a tu alrededor.

Ese aliento, ese soplo, ese suspiro del universo posee un sonido y la tradición hindú cuenta que esa exhalación tiene una vibración; esa vibración es lo que hoy conocemos como el sonido *Om*.

Cuentan las escrituras hindúes que, una vez pasado muchísimo tiempo, la divinidad volverá a inhalar un día, y que esa bocanada nos va a tragar simbólicamente. ¡Volveremos todos a casa, volveremos a la energía original!

La divinidad judeocristiana realiza, asimismo, su acto creador a través de "la palabra", que es también un tipo de exhalación. Incluso este concepto es ratificado en el libro del Génesis, cuando se afirma que la vibración vocal (o palabra) tiene poder creador. Esta pista nos confirma en la Biblia que el universo completo se sigue creando, se sigue expandiendo, se sigue descubriendo en el lenguaje de creación.

En la tradición espiritual del País Vasco se dice que cuando algo no es nombrado, no existe. Entonces, para que pudieran nacer los árboles tuvieron que nombrarlos: este es un roble, este es un abedul, este es un castaño. Los dioses vascos tuvieron que nombrar a los animales para que pudieran surgir y, asimismo, nombraron los lagos y ríos para que emergieran. Al igual que el mito judeocristiano, toda creación empieza a partir de la vibración; por tanto, con este preámbulo nos será más fácil entender que el universo está creando materia, formas, colores, todo a partir de vibraciones acomodadas y reacomodadas de diferente manera.

También los animales, el agua, la luz, todos los seres vivos e inanimados somos abarcados por el inmenso juego de la energía creadora.

Este juego lo atrae y absorbe todo. Así que, si de pronto olvidas que estás jugando, en cualquier instante podrías caer en la casilla equivocada; el juego mismo puede devorarte, puede atraparte, puede consumirte.

Tomemos ahora como ejemplo a un fanático de un equipo de futbol. Imaginemos que se encuentra absorto entre la cancha y los movimientos de sus jugadores; está tan atrapado en ese partido que no existe nada más para él. Este *fan* es un derroche de euforia, de entusiasmo, de dicha y felicidad; más aún si su favorito gana, pero si pierde, entonces esa persona se deprime profundamente, se enoja y se olvida de que eso que está ocurriendo frente a sus ojos es solo un juego, que no se trata de su vida real.

Si no comprende el eufemismo, terminará trayendo el drama del juego a la vida real y haciendo daño a quienes le rodean por un episodio ocurrido durante la transmisión de un partido de futbol, a cientos de kilómetros de distancia.

Hay personas que en el juego del ego son celebridades, personas que se disfrazan de maestros, guías o consejeros pero, ¿qué crees?, eso no deja de ser solo un disfraz. El ego es como una pieza más en el tablero de juego, en el mundo de la fantasía; solo se trata de una ilusión. Por ello, debemos tener cuidado de separar el juego o la utopía de la existencia plena, de la totalidad de la vida.

Por otro lado, en todo juego siempre existen dos tipos de participantes, siempre en contraste: los que se divierten y los que no; los que siguen las reglas y quienes las rompen; los que saben jugar y quienes hacen trampa. En el juego de la energía creadora expuesta por los hindúes ocurre lo mismo y a sus jugadores se les llama *Līlā*, que tiene un significado cercano a jugar/divertirse.

El *Līlā* (en sánscrito) es una manera en que la energía creadora estalla amorosamente, y ese estallido se convierte en criaturas que van a participar de un juego. Este juego del *Līlā* tiene dos tipos de participantes: uno que conoce el juego y otro que lo desconoce. Quien desconoce el juego vivirá condenado a suponer que es la realidad. Quien es gobernado por la ignorancia va a confundirlo todo, creyendo que la vida es solo un juego. Quien conoce el juego creador puede entender que el juego es juego y que la vida es vida.

Una anécdota que ilustra muy bien este espectro (que todavía puede ser confuso para muchos que buscan adentrarse a una nueva verdad) será narrada a continuación por tratarse, además, de un suceso real.

Hay un héroe de la Revolución Mexicana que fue muy importante; su nombre era Emiliano Zapata. Este campesino y militar lideró la causa en defensa de los indígenas y de los trabajadores de la tierra y, como era de esperarse, los principales afectados lo siguieron y apoyaron. Zapata era muy conocido por su estampa firme, su sombrero grande y su enorme bigote. Se dice que cuando él iba triunfando en varias de sus campañas, llegó a la capital del país acompañado de su ejército de campesinos y de sus oficiales, quienes eran también personas de origen sencillo. Una vez que entró la campaña zapatista a la Ciudad de México, los moradores ofrecieron una función de teatro para bien recibirles, sin considerar que, probablemente, ninguna de esas personas había tenido la oportunidad previa de asistir a una presentación de esta clase.

La tropa llegó a la sede de su recibimiento, el teatro Esperanza Iris, un famoso inmueble que aún existe. Los oficiales y su gente se sentaron en las butacas del teatro y la función dio inicio. El lío de la historia se generó después de la gran tensión que provocara la escena donde una actriz empieza a ser maltratada y sacudida por otro actor.

Como parte del guion, el forcejeo continuó mientras la damisela aparentemente en peligro gritaba desesperada: "¡Déjame! ¡Déjame!". De pronto, uno de los militares de Zapata se levantó muy serio de su butaca y le dijo al histrión: "¿Acaso no escuchaste? ¡Suéltala!".

El actor hizo caso omiso de la indicación del miembro zapatista, pues sabía que, tal como dictan las leyes del espectáculo, "el *show* debe continuar". El parlamento prosiguió y con ello su actuación.

El militar, visiblemente afectado por lo que estaba presenciando, y creyendo que la escena era real, se levantó nuevamente de su asiento y repitió la orden: "¡Suéltala!". La obra no se detuvo. Entonces, el oficial, sumamente indignado ante el desacato y creyendo cumplir su deber de salvar a la agraviada, sacó su pistola y le disparó al actor, fulminándolo al instante.

Esta historia, por demás trágica, también es muy ilustrativa, porque eso es justamente lo que pasa cuando ignoramos que somos los espectadores de un gran juego creador. Cuando esto ocurre, matamos al personaje de la obra creyendo que es verdadero, siendo que, en realidad, simplemente se trata de un actor más en nuestra vida. Cometemos este error cientos de veces, perdiendo la capacidad de salir del juego y dejando que la fantasía nos atrape.

¿Comprar el nuevo *smartphone* del mercado? ¿Seguir las tendencias de la moda? ¿Encajar en los nuevos cánones de belleza? Aunque los cuestionamientos no te parezcan graves, si revisamos nuestro comportamiento como humanidad nos daremos cuenta de que estamos atrapados en numerosas fantasías que nos envuelven, de las que luego ya no sabemos salir.

Observa cuántas personas que consiguen un alto rango, un cargo importante, un nivel socioeconómico cómodo se han perdido al creer que son su cargo, su nivel económico, su rango; se pierden en el juego sin diferenciar el atuendo de su persona. Mira a la gente con la buena fortuna de tener una casa increíble; cuando surge alguna amenaza de perder su propiedad, se vuelve loca, cae en depresión y en lamentables casos se suicida porque no entiende que ese inmueble es parte de la utilería de la obra y no la realidad esencial de la persona. Si nos detenemos a ver cuántas mujeres y cuántos hombres se vuelven locos porque van perdiendo su juventud, su frescura, su belleza, notaremos que dichas personas terminan atentando contra su propio cuerpo, ejecutando atrocidades o se operan hasta terminar desfiguradas, todo por tratar de recuperar una imagen ilusoria.

De mi piel para afuera el juego es más fuerte.
—Refrán hinduista

Cuando salimos al mundo, el juego de la realidad se hace aún más atractivo, más brillante, cual si fuera un carnaval. Todos nos disfrazamos y salimos a pretender ser algo para formar parte del evento.

Los hindúes, que son muy inteligentes para discernir, suelen decir frente a esto: "Si yo salgo demasiado de mí y me meto al carnaval y me hundo en él, me pierdo en el juego".

Eso es precisamente lo que nos ocurre: todos vamos al carnaval; puede ser el de Veracruz, puede ser el de Venecia, nómbralo como gustes. El carnaval puede ser una noche de antro, o la obsesión por los vestidos Gucci; puede ser el carnaval de quién es el mejor yogui, de quién tiene el músculo más grande o de quién posee el ego más grandote. A esos carnavales asistimos a diario.

¿Los reconoces? También abundan otros tipos de carnavales, como: ¿a qué colegio va mi hijo? ¿Con quién me junto hoy? ¿Quiénes son mis amigos? ¿A dónde voy de vacaciones?

Allí están todos esos carnavales, grandes y pequeños, aguardando por nosotros y, queramos o no, con consciencia o sin consciencia, a veces tenemos que entrar, danzar un poco, desplazarnos, pero es necesario saber que son solo festivales y no nuestra esencia real.

Sí, mientras más me meto al juego, más me pierdo.

Entonces… ¿qué debo hacer? Continuemos con la enseñanza hinduista: "Para no dejarme atrapar por el juego del mundo tengo que ir dentro de mí; cuanto más voy hacia adentro, menos posibilidades hay de que me pierda afuera".

Tan claro como el agua: cuanto más sales al mundo y te desconectas de ti, más riesgo tienes de que te atrape la ilusión, pero si dejas un caminito de migas, como Hansel y Gretel, siempre vas a poder ir y volver del juego sin temor.

Cuando aprendas a estar en ti (el gran regalo que aspiro entregarte), podrás entrar y salir del carnaval cuanto quieras; puedes reírte, puedes maquillarte, puedes divertirte enormemente. Pero recuerda: no te vuelvas el carnaval.

¿Cómo tendrías que empezar a aplicarlo a tu historia personal? Diciéndote de una manera muy consciente: yo no soy el puesto que están dándome, yo no soy los millones que tengo en la cuenta, yo no soy el coche que conduzco, yo no soy el cuerpo que habito, yo no soy solamente la mamá de Messi, yo no soy el astro de futbol, yo no soy la reina... Puedes disfrutar el rol, vivirlo, viajar en él, pero no eres ese papel, solo estás interpretándolo; estás jugando a serlo y luego debes volver a tu verdadero ser, sin dramas ni lamentos. Siendo consciente, te darás cuenta de que tarde o temprano el juego de la creación volverá a transformarse y, a fin de cuentas, viajar para volver a tu origen.

Este viaje tiene doble curso: un recorrido hacia afuera y otro hacia adentro. Por eso el equilibrio, caminar por el medio y seguir el punto focal es fundamental para no perderte. Ve afuera, disfruta del mundo, goza, pero no se te olvide que, después de jugar allá afuera, tienes que regresar a tu interior, a tu verdad.

¿Cuál es la línea que separa el juego de la realidad? ¿En qué punto se convierte el juego en prisión? Es muy simple: cuando le das mayor importancia al rol y le confieres autoridad para controlar tu vida a través de lo siguiente: alcohol, drogas, sexo, dinero, belleza, peso, músculos, inteligencia, sabiduría, espiritualidad, yoga, ego, poder, etcétera.

¿Te reconoces ubicado en alguna de estas prisiones? Porque si ya no puedes parar y pierdes la consciencia del juego, entonces has sido devorado.

Aunque te parezca exagerado, si alguien presume de hacer algo con total obsesión y señala no poder o no querer dejar de hacerlo, por más positivo que parezca su hábito (ejercicio aeróbico, rutinas de belleza, control de peso, juntas de trabajo, lecturas), significa que está atrapado en el juego.

Una vez explicado cómo es el juego y los peligros de no saber jugarlo, lo mejor es emular a la gran *Līlā* y poder salir para volver a nuestra esencia, a nuestra alma, a nuestra verdad.

El juego es tan astuto que no solo te atrapa en los vicios y la perdición, pues no son únicamente el alcohol, las drogas y el sexo sus principales actores; también puede atraparnos una alimentación no saludable, un camino espiritual torcido o una aparente búsqueda de salvar a los otros o al mundo entero. Recuerda siempre: la mejor manera de no perderte en el juego es estableciendo ese hilo que te conduzca de vuelta y permanecer en estado consciente, recordando que mucho de lo que vives es simplemente un espejismo.

Quienes hemos estado en la India lo hemos presenciado; hay pocos pueblos tan ostentosos como el hindú, con sus impresionantes palacios, sus finos textiles y adornadas vestimentas, sus brillosos brazaletes y colgantes. La India es un país donde se vende la joyería más fina del mundo. Entonces, esa India opulenta representa una parte del juego, pero, paralelamente, está la otra, la de la renuncia total, la de la gente que no come más que *praná* (aliento), la de la pobreza más absoluta, personas que nunca en su vida han tenido una posesión, que viven renunciando como ascetas en las montañas.

Ambos extremos en la India tuvieron un maestro que los encarnó: Buda, un príncipe rodeado por todo tipo de lujos hasta que un día decidió salir de lo mundano y se fue al extremo opuesto, al ascetismo y a la renuncia. Descubrió que ni un camino ni el otro lo llevaban a la plenitud, así que creó el camino del medio.

Yo también creo en el camino del medio y sé que no es la renuncia al mundo completo, ni tampoco la satisfacción de todos los deseos; sé que hay un camino en donde se puede disfrutar el mundo sin ser devorado por él.

¿Y cómo puedo saber qué tan alineado al centro me encuentro? Puedo darme una idea con el nivel de apego que tengo al mundo. Por ejemplo, si alguien dice ser muy espiritual y que no tiene apego a nadie, pero luego nos topamos con el siguiente escenario:

—Oye, ¿se perdió tu *japa mala*, tu rosario de oración? Porque no te lo veo puesto.

—¡Ay, no! ¡Mi *japa mala*! Me lo dio el Dalai Lama… ¡Eso no se puede perder, es lo más sagrado que tengo!

Pues… déjame decirte que eso es apego. Carnavales así los hallamos por todas partes; incluso en lo sutil nos apegamos al mundo.

Supongamos que te fuiste de vacaciones y que pasaste una estadía maravillosa en la playa, nadando entre bellas y amigables olas; pero, cuando es hora de volver a casa, si te quedas lamentando por lo que ya no puedes disfrutar en lugar de entender que la vida debe seguir su curso cotidiano, es porque te mantienes ajeno al concepto de transformación, sigues sin aterrizar en tu realidad y permaneces en el rol de bañista. Lo mismo ocurre si en alguna época contaste con libertad financiera, con una vida profesional exitosa y ahora tienes menos ingresos debido a problemas de tu empresa. Si el sabor de la gloria se ha esfumado y ahora nadie recuerda tus días de buena racha, apegarte a ese pasado glorioso no servirá de mucho si no terminas por aceptar con paz que la vida sigue.

Hay un gran trabajo que todos tenemos pendiente: empezar a reconocer el juego como juego, a no tomarnos la vida tan en serio y a entender que las personas que te lastiman, que te hieren, que te dañan, son parte del juego. Pero, ¿sabes?, todos tus detractores son necesarios en tu aprendizaje; las personas que perjudicaron tu vida en cierta medida tienen utilidad dentro del gran plan, al igual que el papá que abandonó a sus hijos, al igual que la mujer que engañó a su marido, al igual que el jefe que hizo un despido injustificado. Todos son necesarios y, al igual que ese gran mecenas que te da todo para que sigas adelante, todo es parte del juego. Y si tú entiendes el juego y aprendes a jugarlo, la vida se abre ampliamente para ti.

Si confundimos el juego con la verdad, el juego nos absorbe y terminamos siendo un ratón atrapado en él, pensando que de lo único que se trata la existencia es de conseguir el queso; que de lo único que se trata es de conseguir el trabajo, de no perder el dinero, de cuidar la figura, de encontrar un esposo, de ser padres y madres, de ser exitosos, de triunfar y de ganar. Es ahí cuando quedamos presos en el juego, persiguiendo, con un hambre que no saciará, un alimento que no existe en un laberinto que, de no ser reconocido, puede volverse infinito. Pero si, por el contrario, aprendemos a diferenciar lo que es el juego y separarlo de lo que es la verdad, nos divertiremos y aprenderemos a hacer esta gran danza de la realidad; así le llamamos en el chamanismo.

Es una experiencia de gran placer, porque aprendemos a gozar, a reír de nosotros mismos y también a reírnos del juego. Podemos aprender a reconocer que no tenemos que renunciar al mundo porque es increíble y divertido; aprendemos que podemos disfrutar de las cosas bellas que nos da esta experiencia, pero al mismo tiempo recordar cada momento, cada noche o al menos una vez cada día que estamos en un juego y que tenemos que volver a nosotros. Ese proceso de volver es pura consciencia; es como ir a una fiesta o a unas vacaciones y pasarla muy bien, pero luego saber que tenemos que volver a casa para disfrutar de algo más auténtico.

Ampliemos el ejemplo de las vacaciones. Por unas semanas te vas a otro lugar; todo es dicha. Alguien te tiende la cama, te da de desayunar, te trata como a la realeza; perfecto, es fenomenal. Pero luego te toca volver a casa y debes encargarte de las labores domésticas y tienes que asumir que no es ni bueno ni malo; solo es distinto, es parte del juego.

Al estar de vacaciones disfrutas mucho, te la pasas bien, pero eso no es la vida. La vida es que a veces nos toca estar en casa viviendo labores sencillas, disfrutando de lo más simple. Es importante preguntarte: ¿puedo disfrutar con la misma intensidad las más espléndidas vacaciones y los actos más sencillos en casa? ¿Puedo alegrar mi corazón cenando en el mejor restaurante o cenando en calma un pan con té?

Hay un principio esencial para tener consciencia espiritual: la posibilidad de reconocer y entender la libertad. La libertad no es sino el hecho de vivir el juego como juego y de volver a la esencia como esencia; es saber que lo importante siempre será lo importante.

Pongamos un ejemplo más sensible. Imagina que tienes un hijo adolescente y un día te dice: "Voy a drogarme, ¿me dejas drogarme cada día y te prometo que luego voy a dejarlo y regresaré a ti?". Ante este planteamiento, ¿qué responderías?

O si una persona ebria te dice: "Préstame tu coche, que es muy rápido. Voy a echarme una carrerita", ¿se lo prestarías?

¿Qué comparten el adolescente y el borracho? Aparte de mucha alegría, el hecho de que no están en la consciencia. Ser consciente es reconocer que en algunos momentos estamos borrachos y somos incapaces de decidir. Para poder alcanzar ese discernimiento entre el juego y la verdad necesitamos desintoxicarnos, entrar en un estado de calma, de claridad y de consciencia.

Si tú no estás en ese estado, difícilmente podrás reconocer la línea que separa el juego de la verdad.

Entonces debemos preguntarnos: ¿cómo se entra en consciencia? ¿Cómo volvemos a casa? ¿Cómo somos capaces de reconocer que estamos demasiado absortos en el juego, que es tiempo de dar un paso atrás?

La respuesta es el silencio, la meditación, la oración, la espiritualidad, las leyes universales y, sobre todo, tu corazón. Estoy seguro de que si aplicas estas enseñanzas con una mente abierta y con constancia, irás descubriendo la delgada línea que separa el juego de la autenticidad de la vida.

Te recomendaría que establecieras un símbolo de recordatorio para saber cuándo entras al juego y cuándo vuelves a ti, a lo esencial, al hogar. Es como si al salir de tu casa entendieras que vas al mundo a cumplir con tu trabajo y con las funciones que la sociedad te demanda, pero que hubiese algo, un acto sencillo como quitarte los zapatos, prender un incienso, ponerte un aceite o prender una vela, que te recuerde que estás de vuelta en casa, que ya no eres el jefe o la jefa ni la figura pública, sino simple y sencillamente tú, con las personas que más amas, en la simpleza y la belleza de tu vida cotidiana.

Una vez tuve oportunidad de acompañar a una gran maestra y una muy querida amiga mía llamada Karen. Una persona muy especial, con mucha influencia, una verdadera *rockstar*.

Me tocó estar en Nueva York con ella, y literalmente todo era propicio para ir a un restaurante. Éramos atendidos en las primeras líneas. La rodeaba un *glamour* como yo nunca había visto antes. Era como andar al lado de una *celebrity* de Hollywood. Pero, cuando volvíamos a su departamento, en un lujoso barrio de Nueva York, apenas al entrar se producía en ella una preciosa transformación, un cambio interior profundo que también se reflejaba en lo físico, porque ella se retiraba, se ponía una bonita bata y se quitaba la peluca. Hacía todo un ritual interior y se decía a sí misma con una voz dulce: "Ya volví, Karen".

Eso me encantaba, porque creo que todos tenemos que practicar este "Ya volví". "Miguel Ángel, ya volví". "Mónica, ya volvimos". Ese volver tiene que ser un acto rutinario, tiene que ser un momento de ponerse el pijama para dormir y decir: "Ya este ser mortal y mundano se va a acostar", y no la esposa del director; "Ya se está vistiendo el señor común y corriente", y no el juez de la Suprema Corte de Justicia.

Ese acto simbólico constante y consciente es un regalo para el alma. Hay que decir "Ya volví" también en los días terribles, en los días difíciles, en los días que nos sacuden y en esos días en los que nos damos cuenta de que no podemos más con ese dolor.

Muchos momentos difíciles son también parte del juego y, cuando reconocemos que ya volvimos, estamos diciéndonos a nosotros mismos: "Hemos vuelto a casa: el juego y sus circunstancias complejas terminaron". La idea ficticia de que todo se derrumba tiene que parar, porque no se derrumba lo esencial. Nada auténtico y verdadero puede ser destruido solo aparentemente; es el juego el que se quiebra. Es la superficie lo que está dañado en el alma. Tu ser superior está intacto.

Es muy importante que recuerdes que hay diferentes partes del juego, como en una escala cromática. En un extremo está el color blanco, la luz; y en el otro está el color negro, la oscuridad.

Los juegos oscuros hacen que te olvides de que hay luz; ahí, si estás distraído, si no tienes una consciencia fuerte, es donde te pierdes, donde te olvidas de que hay luz en ti. Entonces olvidas el viaje de regreso, la esencia, y te quedas tristemente sumergido en la oscuridad, en la trampa, en la parte más oscura y pesada del juego.

Es esencial que recuerdes que no todo lo que experimentas con los sentidos es tan real ni tan importante. Lo importante es que mantengas tu consciencia, que reconozcas tu luz interna, que vuelvas una y otra vez a ti, que puedas permanecer el mayor tiempo posible contigo, y que sepas disfrutar las vacaciones, pero también apreciar la apacible vida cotidiana de tu hogar.

*Al igual que del fuego se alzan
chispas diminutas, asimismo
de este* Atman *surgen todos los
mundos, todos los dioses,
todos los seres.*

—BRIHADARANYAKA UPANISHAD

Capítulo 1

Ley universal I: Principio de unicidad

*Hay una gran consciencia universal
y todo lo que existe es una manifestación de
esta consciencia.*

Imagínate una red. Así, grande y flexible, como las que arrojan los pescadores en el mar. Tú estás allí muy cerca, como un testigo, presenciando el momento en el cual la red se eleva, da vueltas en el aire y se extiende como una gran falda sobre la superficie del mar. Es un espectáculo precioso.

Ahora imagínate que eres el pescador. Has navegado mar adentro mucho antes de salir el sol, tienes compromisos que atender y, sin importar el cansancio de tantas jornadas acumuladas, haces un gran esfuerzo: con ambos brazos levantas la pesada red que va abriéndose grande, así como grande es tu esperanza de que por fin haya una buena pesca.

Pero, ¿si en lugar del pescador eres un pez y vas nadando como siempre, en busca de tu alimento, cuando de pronto una nube tejida y extraña —la red— te cae encima y te inmoviliza? ¿Y si eres un pez medio despistado que vas por ahí desentendido, que ni siquiera has notado que estás atrapado dentro de una red, y solo ves que de pronto hay otros peces aquí y allá, apiñados a tu lado, mientras un jalón inexplicable te eleva hacia la superficie?

¿Y si en lugar de ser un pez fueses una partícula microscópica de plancton y te cayera encima la red? Seguramente no alcanzarías a comprender la inmensidad de esa estructura tejida, y una sola de sus hebras te parecería una viga de carga gigante que ha caído sobre ti.

¿Y si fueses un artista parado en un risco, lejos del lago, mirando el botecito del pescador? Quizás observarías una figura humana lanzando algo fuera de la barca. La perspectiva que tendrías de ese hecho seguramente sería muy distinta, debido a la distancia. Verías una especie de capa que cae al agua y tal vez pensarías que es una escena linda, como para plasmarla en una pintura.

La misma red es algo distinto, dependiendo de la persona y de su nivel de consciencia.

Hay gente que es como el pescador, hay gente que es el como pez despierto, hay gente que es como el pez despistado, hay gente que es como el plancton y hay gente que es como el artista.

Entre más consciencia tengamos, más rápido vamos a darnos cuenta de que la red está cayendo sobre nosotros, pero si somos como el pez en medio del cardumen, solo vamos a sentir cómo otros peces nos rodean por todas partes, antes de vernos empujados hacia afuera del agua; solo de eso vamos a enterarnos… inconsciencia pura. Si somos como el pez que está más atento y vemos que algo va bajando, podemos actuar de manera diferente; si somos el pescador que lanza la red, estamos en consciencia de la función de la red. Si somos como el artista, ya estamos en un nivel de comprensión distinto. Según nuestro grado de consciencia y de elevación, todo se percibe de modo diferente.

Allí comienza nuestra parte cocreadora, es decir, de continuadores de la creación. Si la red está siendo lanzada y eres parte del grupo que es atrapado por ella, no significa que estés condenado al mismo destino que todos los demás, sino que, a medida que tengas más consciencia de la red, más experiencia, mientras cuentes con una visión más amplia, podrás elegir diferentes maneras de convivir con la red. Si este fuera mi caso, podría decidir colocarme en la parte menos tensa o más apretada, según sea mi conveniencia; puedo tener un cierto margen de maniobra o quedar completamente en el centro, capturado por los demás. Así, la red puede ser divertida, aleccionadora, interesante o un proceso de sufrimiento total. Esto dependerá en gran medida de tu nivel de consciencia.

Recuerda que todos estamos dentro de una Gran Red divina, todos estamos vinculados por un entramado de energías que funcionan como las hebras de una red, solo que hay muchas maneras distintas de percibir la presencia de esa red.

Este es el principio de unicidad, la primera ley universal con la que vamos a trabajar. ¿Estás listo ahora?

La unicidad no es lo mismo que unidad; la unicidad va mucho más allá. Es la interconexión entre todas las partes que conforman el todo.

El principio de unicidad nos dice que hay una gran consciencia universal y que todo lo que existe es una manifestación de esa consciencia. Todo lo que percibimos son distintas vibraciones de un mismo punto focal, diferentes elementos de una sola esencia. Esta gran consciencia nos conecta a todos y mantiene un equilibrio y un orden superior para todas las partes que la conforman.

Cuando hablamos de espiritualidad nos referimos a una perspectiva distinta de la realidad a la que le llamaremos "niveles de consciencia". Y estos niveles son los que van a determinar nuestra lectura, nuestra comprensión, nuestro entendimiento y la acción que generemos como respuesta a aquello que nos ocurre. Citando la parábola del principio, el pintor percibe y es consciente, desde su altura, de una realidad muy distinta de la del pequeño plancton que solo se ve sometido y obligado a padecer sus efectos.

Recuerdo una situación en la que a un señor le dio una parálisis lateral. La esposa me pidió que fuera a su casa. Cuando llegué con el hombre recién diagnosticado, se encontraban también los tres hijos de la pareja. Uno de ellos estaba muy enojado con el papá porque se había enfermado, y decía: "¿Cómo carajos vamos a pagar el hospital? ¡Qué irresponsabilidad haber elegido una parálisis cerebral o un brinco de las neuronas cuando no tenemos dinero!". El segundo hijo tenía una conducta que llamó mi atención. Iba detrás de la madre, persiguiéndola con una taza en la mano, mientras repetía: "¿Mami, quieres un café?, ¿mami, quieres un café?". Estaba como trabado con esa pregunta. Y la tercera hija de la familia hacía un berrinche tremendo porque la madre la había sacado de una reunión justo cuando estaba divirtiéndose más. Yo me encontraba parado ahí observando y pensaba: "El universo tiene seres con diferentes niveles de consciencia". Una hija enojada con la mamá porque la había sacado de pintarse las uñas, un hijo enfocado en la madre de forma obsesiva, y el otro enojado con el papá por haberse enfermado. ¡Vaya dilema!

Esto fue como una fotografía de la vida para mí. ¿Qué estamos viendo de la película? ¿Qué estamos reconociendo de la obra de teatro? ¿Qué estamos viendo del Gran Planteamiento? ¿Qué entendemos de lo que nos está ocurriendo? Habitualmente vemos solo la parte que nos interesa, pero eso no nos exonera del gran proceso de la red planetaria ni del principio de unicidad.

Los niveles de consciencia varían todo el tiempo; de hecho, son fluctuantes. Podemos haber alcanzado un nivel de consciencia 3, por ejemplo, pero en un mal día podemos volver al nivel 2. Por eso es necesario reconocer que la consciencia varía, pero si podemos sostenerla, viviremos mayormente en un estado elevado y esto repercutirá positivamente en las cosas de nuestra vida. Por tanto, una buena consciencia es una buena vida.

Para poder conseguir eso es importante leer, meditar, tomar cursos, tomar clases, revisarse, hacer *mindfulness*, promover el autoconocimiento.

Una obra como esta que tienes en las manos te ayuda a subir tu nivel de consciencia. Cualquier persona, en cualquier actividad en la que alcanza la excelencia, ha pasado un proceso. Cada quien tiene que dedicarle tiempo, atención y trabajo a aquellas cosas que quiere ver crecer en su historia. Por tanto, es importante reconocer que la consciencia es un proceso y se ejercita. Tanto como te sea posible, haz de tu consciencia una herramienta necesaria para poder evolucionar.

Sería muy bueno que dejáramos de ver la espiritualidad solo como un *hobby*, para comprometernos y trabajar cada día hacia una mejor versión de nosotros mismos. Esto implica abandonar esos pretextos cotidianos, en donde miramos el camino del crecimiento como un entretenimiento, para hacernos responsables y llevar la espiritualidad a todos los ámbitos posibles de nuestra vida.

El principio de unicidad nos recuerda que somos parte de una Gran Red que mantiene todo conectado, que cada elemento es importante para el funcionamiento de la totalidad y que todo lo que ocurre tiene un orden, un balance, un equilibrio y una armonía superior. Si aprendemos a reconocer esta red podremos vivir en calma y con un buen nivel de consciencia, alcanzar la paz, confiando en que Lo Superior rige nuestras vidas.

No estamos en una creación que ya acabó; estamos en una creación que sigue gestándose. Tú mismo no has acabado y, si te mueres, tampoco habrás terminado. Tu trabajo en la vida no ha acabado, tu relación de mamá o papá no ha acabado, nada ha acabado. Y si somos parte de esa gran fuente, si somos parte de esa gran totalidad, somos nosotros quienes podemos influenciarla.

Hay un mito en la tradición chamánica que nos cuenta sobre la creación del mundo, y dice que hay una criatura muy especial: La Gran Abuela Araña. Es uno de los tres seres esenciales que surgieron del corazón de Lo Divino. La Abuela Araña tiene una importante tarea: ir conectando con su tejido todo lo que va siendo creado. Con hilos muy finos teje el vínculo que hay entre una mamá y su hijo, entre dos esposos que se aman, entre una pareja, entre un padre y sus hijos, el vínculo que se va haciendo entre un pueblo y todos los habitantes de ese pueblo, entre un empresario y su negocio, entre un poeta y su poesía.

Este hilo que se teje también va desde un árbol a todos los descendientes de ese árbol, a los descendientes de una especie, a los descendientes de una cultura o de una familia.

Son hilos invisibles. No podemos verlos, pero siempre están ahí. Son los hilos narrativos de una historia, que van creciendo, que van extendiéndose y van nutriéndose.

La Abuela Araña nos recuerda que todos los hilos de la creación están conectados y que todo lo que vivimos, todo lo que hacemos, todo lo que hemos soñado está en conexión en una red infinitamente grande.

Así funciona el principio de unicidad. Cuando una mamá siente que vibra su hijo, lo percibe rápido, como algo muy fuerte, como algo muy profundo, porque su propia energía está muy cerca de la energía de su hijo, a pesar de la distancia.

Por eso es también que esa sensación de conexión especial con las personas más próximas nos permea muy fuertemente cuando están alegres o tristes, se sienten solas o necesitan algo de nosotros.

Hay cosas que sentimos más cercanas y cosas que sentimos más lejanas; algunos eventos, experiencias o personas con las que tenemos más coincidencia y mayor pertenencia, y todo tiene que ver, según la creencia chamánica, con la distancia y el grosor del hilo que ha tejido la Gran Abuela Araña.

Incluso en el chamanismo se dice que los seres humanos somos capaces de cortar los hilos de la red de la araña y de rehacer estos hilos. Esos hilitos de vínculo, de afecto, los hilitos que en algún momento pueden diluirse y romperse, nosotros podemos repararlos.

Un ejemplo de cómo los hilos de la Abuela Araña se mueven es la concepción. Cuando una pareja pide un bebé, está pidiendo un hilo. El tiempo en el que ese hilo llega a la gran madre, a la gran fuente, y es respondido por un alma, es el tiempo en que se manifiesta el embarazo. Si a veces toca esperar dos o tres años, o es un embarazo que ocurre en el primer encuentro, en parte está influenciado por la gran consciencia que sabe que es el momento de la criatura para aparecer, que es el momento de los padres para dar a luz. Nuestra consciencia de unicidad varía dependiendo de nuestra perspectiva, nuestro conocimiento y nuestra sabiduría.

Imagínate un jardín, que en ese jardín hay una flor y que en esa flor hay un bichito que vive en los pétalos. Para el bichito que vive en su flor, el mundo completo es la flor; su cielo y su tierra están ahí. La totalidad de la realidad del bichito es esta flor. Pero para un pajarito, la flor es parte de las muchas flores del jardín; su mundo es más grande que el mundo del bichito que habita dentro de la flor. El pajarito podría decir: "Mira, todas estas flores son las flores del jardín". Pero para una persona que pasea por el jardín, el pajarito es parte del jardín, la flor es parte del jardín y el bichito es parte de la florecita que adorna el jardín. Si alguien observa el jardín desde muy, muy alto, al pasar por encima vería a un hombre en el jardín y pensaría: "El hombre es también parte del jardín".

Por eso, a medida que somos más conscientes, más claridad tenemos sobre el principio de unicidad.

Dependiendo de nuestro conocimiento espiritual, la unicidad se hace más limitada o más amplia. En un nivel de consciencia bajo, más esencial, pensamos que estamos unidos a la gente que amamos: a los hijos, a los padres, a la pareja, a nuestra casa, a nuestros bienes. Pero cuanto más vamos avanzando, más nos damos cuenta de que, además de estar unidos con quienes compartimos sangre, con quienes compartimos historias y pasado, estamos también unidos a un grupo de gente más amplio, a una familia extendida, a los amigos, a los maestros, a aquellos que tocan nuestra vida y la modifican para siempre.

Y si elevamos la consciencia aún más, nos damos cuenta de que estamos unidos al planeta, que estamos conectados con un elefante y que este elefante a su vez tiene un hilito que está conectado con una estrella en el cielo, y esa estrella también se enlaza con el polvo cósmico que está viajando entre galaxias. La unicidad pasa de la idea de ser individuos unificados a seres planetarios, seres espirituales, seres luminosos y, cuando lo entendemos, nos damos cuenta de que todos y todo formamos parte de la Gran Unidad.

Cuando entendemos que los seres estamos conectados a los planos cósmicos, cuando entendemos que no se trata solo de nuestro planeta, sino de la totalidad de la creación y que somos capaces de descubrir que somos parte de una consciencia divina que sigue extendiéndose, formamos un pensamiento que no ha culminado. Entendemos que seguimos siendo creación en movimiento, que podemos modificar nuestra realidad, nuestro destino y a nosotros mismos; entonces hemos alcanzado un buen nivel de consciencia de unicidad.

El hecho de que la creación sigue creándose nos convierte en cocreadores de la realidad. Si la realidad hubiera terminado el cuadro, si ya se le hubiese puesto el barniz de sello, ya no se podría pintar más sobre ese cuadro. Pero si el cuadro está en proceso, está fresco todavía; entonces se le pueden añadir otros trazos de color.

La maravillosa parte que nos concierne es que nuestra vida aún está pintándose y eso es un gran regalo. Por eso existe el albedrío, la libre elección.

No estamos condenados a vivir una historia que ya se escribió; estamos siendo cocreadores de la historia que estamos viviendo. Si logramos entenderlo desde la consciencia, vamos a poder influir en una historia pequeñita o en una grande, vamos a poder trascender la limitante de una historia humana personal de setenta, de ochenta, de noventa años.

Hace un tiempo hice un curso de canalización de ángeles y me explicaron que ellos nos perciben a nosotros, los seres humanos, como pequeños pixeles, y que nosotros tenemos una visión tan limitada como el bicho dentro de la flor. Percibimos la realidad pixelada y lo que pasa con el pixel es que la apreciación está un poco distorsionada, por lo cual se necesita tomar distancia para observar la imagen completa y definida. Entre más distancia se toma, más se completa la imagen.

Sucede que a veces nos quejamos por estar pasando un mal momento, una época de crisis. Pensamos cosas como: "La vida es muy injusta y no me quiere"; y seguimos en plan de víctimas: "Soy un mártir del calvario". Entonces, los ángeles responden: "Estás solamente viendo un pedacito de la película". Y refutamos diciendo: "Sí, pero ese pedacito es toda mi realidad"; y los ángeles sabiamente dicen: "No, ese pedacito no es toda tu realidad. Es el pedacito de realidad que tú eres capaz de percibir".

Es algo similar a lo que pasa con el arte en general y con algunos cuadros en específico. Hay una distancia perfecta para apreciar el cuadro. Si estás demasiado cerca, no entiendes el contexto; si te alejas mucho, lo pierdes también. Por eso es necesario que aguardes a los momentos de claridad mental y de paz interior para poder percibir lo que está sucediéndote, en su dimensión correcta y con sus mensajes claros. La vida tiene una perfección y solo podemos apreciarla cuando somos capaces de colocarnos en la energía perfecta.

Te dejo aquí esta pregunta, que puede darte mucha claridad si aprendes a observarla en tu interior:

¿Cómo eso que pasa afuera habita de algún modo dentro de mí?

Acostúmbrate a observar con ojos nuevos. Cada vez que te quejas, cada vez que te peleas, cada vez que algo te enoja, cada vez que algo te enferma, pregúntate: ¿cómo eso que acontece afuera se conecta con algo que pasa en mi interior? Debes aprender a reflexionar acerca del hecho de que lo que te ocurre afuera es una llamada que te conecta con algo que sucede en ti y, aunque parezca un poco distante, si eres un buen observador, encontrarás cómo el mundo de afuera es un reflejo de lo que está pasando en tu interior.

Esas circunstancias de vida que aparecen en el mundo para mostrarnos la adversidad reflejan un mensaje diferente para cada uno. La ruina económica tiene un mensaje para cada persona que la padece. Una enfermedad terminal genera mensajes e información distinta para cada cual. Cuando nosotros entendamos que el mundo de afuera solo activa cosas que ya estaban adentro, y más adelante comprendamos que el mundo de adentro cocrea al de afuera, tendremos la posibilidad de afirmar que estamos interviniendo en la unicidad. Sobre este principio de unicidad te comparto tres afirmaciones que son oraciones o enunciados que contienen una carga energética y te llevan a pulsar una vibración para que eso se vuelva parte de la realidad. Las puedes trabajar, realizar, interiorizar y aprender, tomar consciencia de ellas y volverlas parte de tu vida.

La primera es: "Soy potencialidad pura que en la consciencia se transforma en generación".

Esta afirmación tiene como propósito mostrar toda tu luz, toda tu fuerza. Si la enfocas, puedes generar un montón de eventos maravillosos a tu alrededor.

La segunda afirmación es: "Soy parte de la totalidad".

Es decir que, aunque no lo veas, todo está perfectamente hilado. Es parte de una cadena invisible y lo que está ocurriéndote solo es un pequeño fragmento de un gran plan que quizá no seas capaz de comprender.

La tercera afirmación es: "Todo fluye y refluye para mi mayor beneficio". Esto te permitirá saber que en esta Gran Red todo está avanzando hacia una sola dirección, en un sentido evolutivo y que, en el gran plan, lo que se espera de ti es que seas tú, que vivas bien, que cooperes con otros y que despiertes en la paz.

*Eres el cocreador de todo en tu
realidad por tus vibraciones.*

—Gordana Biernat

Capítulo

2

Ley universal II: Principio de generación

La semilla que siembro en mi interior genera frutos en mi realidad exterior.

La anilina es un producto muy concentrado. Cuando alguien deja caer unos gramos sobre un tanque con muchísima agua, poco a poco el color se va expandiendo por la transparencia del líquido, hasta pintarlo en su totalidad. Una pizca de este pigmento es capaz de colorear todo el contenido del recipiente. Un poquito de esta sustancia puede impregnar todo a su alrededor.

Hay personas que espiritualmente son como el agua, y otras que son como la anilina: tenemos el poder de influir en la totalidad de aquello que nos contiene. Tenemos la capacidad de impregnar nuestra vida de lo que llevamos en el corazón.

Todos somos participantes del gran juego, pero también aportamos nuestra parte y sumamos cosas al mismo. No somos simples espectadores; recuerda que somos cocreadores. Entonces, si tú puedes generar cosas para el gran juego, deberías preguntarte: ¿cómo puedes hacer para que este varíe? ¿Cuánto puedes hacer para que cambie? ¿Qué tanta influencia tienes en la macroesfera del gran juego?

Quizá te preguntes: ¿cómo es que alguien, en apariencia igual a ti, logra tener una fuerza tremenda y una capacidad de influir en la realidad externa? ¿Cómo es que alguien puede decir: "Yo elijo meterme en el flujo de los juegos y cambiar el destino"? Y, por el contrario, ¿por qué hay quienes viven condenados a someterse y resignarse en el flujo de los juegos que alguien más ha creado?

Y la respuesta es clara, contundente: cuanta más afinidad de resonancia tenga yo con el juego, más partes del mismo van a jugar a mi favor. Cuando muchos eligen vibrar en la misma frecuencia, cuando se suman, esa frecuencia de amplifica y es más fácil que esas personas alcancen su propósito. Cuanta más fuerza tenga la suma de las intenciones y los propósitos de aquellos que persiguen el mismo objetivo, mayor será su capacidad para influir poderosamente y generar la realidad.

Si tú generas el *hashtag* "mayor bien universal", esa energía del mayor bien universal, que es muchísima, va a sumarse a tu propósito. Si tú generas la intención de "busco el bien superior", este *hashtag* va a sumarse a tu propósito. Si tú eres capaz de incluir en tu fuerza generadora el bien de muchos, es mucho lo que se sumará a tu intención.

El error que cometes cuando no comprendes el principio de generación es que quieres generar para ti, pero si eres una pulguita en el universo, si gritas y dices: "Yo quiero para mí", el universo va a decir: "Puede que te haga caso, pero cuando le toque al nivel de las pulguitas". Pero si tú, como pulguita, te subes en el lomo de un caballo y con susurros logras que el animal diga: "Yo lo quiero para mí", entonces tu influencia hará que recibas el beneficio de los caballos, grandes y amplios. Así puedes entender la manera en que la generación está muy vinculada con nuestra capacidad de influir poderosamente en la realidad.

La búsqueda del bien superior es el propósito fundamental del principio de generación, y por eso no se entiende sin comprender antes el principio de unicidad. Tengo que buscar que lo que yo genere aporte a la humanidad. Tengo que buscar que lo que yo genere interactúe e influya positivamente, y debo tener muy claro que cuanta más energía logre captar para lo que yo pretendo, más fácil será que se manifieste eso que deseo que ocurra.

El principio de la generación se explica como sigue. Somos la creación y somos creadores. La energía de la que estamos hechos es la misma de la que están formadas todas las cosas. A nivel químico, todo lo que existe en el universo está compuesto por los mismos elementos, en diferentes proporciones. La materia prima del universo es la misma; somos polvo de estrellas y una gran cantidad de seres de nuestro planeta tienen en su composición cuatro elementos fundamentales: carbono, hidrógeno, oxígeno y nitrógeno.

Cada uno de estos elementos está compuesto por algo más profundo: la vibración, el *Om* original a partir del cual surge todo lo que nosotros llamamos vida.

Ahora me gustaría señalar dos principios básicos para entender el principio de generación. Si logras comprenderlos, pero sobre todo si eres capaz de interiorizarlos y hacerlos parte de tu vida, vas a poder manifestar muchas más cosas:

Somos la creación y somos creadores. La energía de la que estamos hechos es la misma de la que están hechas todas las cosas.

Con consciencia, atención e intención, tú puedes codificar y recrear la esencia de todo. Si eres capaz de entender cuál es el componente de la materia prima, puedes ordenarlo y reordenarlo para manifestar lo que sea más provechoso, lo que anhelas, aquello que tú quieres ver reflejado en la realidad.

Toma consciencia de que con el mismo componente de la materia prima puedes hacer un montón de cosas. Cuando descubres el componente principal, puedes crear lo que tú quieras.

Cuando un músico comprende la música, puedes darle un tambor afgano, un bongó o un tambor africano y con cualquiera de ellos va a crear música. Con cualquier instrumento puede hacerlo, porque entiende de qué está compuesta la música y cuáles son sus reglas, comprende el código musical y conoce las percusiones. Y al entender el ritmo, la melodía y la armonía, con cualquier tipo de instrumento podrá crear una bella experiencia musical.

Nosotros estamos llamados a ser músicos del espíritu y a comprender el código que se llama energía y vibración. Si nosotros entendemos esta estructura fundamental del juego, y somos capaces de descubrir que el juego es esencialmente energía y vibración, entonces podremos sumarlas y de esa manera influir en el resultado final.

Hay una regla de oro que quiero compartir ahora contigo; se trata de una enseñanza fundamental: "La generación se puede dar, en parte, si tenemos consciencia del código, atención en la vibración y apertura al milagro, reconociendo que somos y que todo, esencialmente, es energía".

Ahora veamos estas partes por separado.

¿Cuál es la consciencia del código? ¿Cómo se llama el código? La respuesta es: energía y vibración.

La vibración que uno emita abre la posibilidad de que se genere lo que elegimos en el espacio del juego. Hay que poner atención en aquello que estamos emitiendo constantemente.

El principio de generación puede resumirse en una sola frase: "si pasa en mí, pasa en mi camino".

Quiero contarte una breve historia acerca del poder de esta frase y cómo la experimenté junto con mis alumnos, para que comprendas lo importante que es tener consciencia de que lo que llevamos dentro es lo que va a ocurrirnos fuera. En 2017 decidimos ir a un lugar extraordinariamente bello, un lugar mágico y muy especial que se llama Roraima. Es una montaña enclavada en el interior de Venezuela, en una región conocida como la Gran Sabana. Los pobladores originarios le dieron este nombre, que significa "madre de todas las aguas". Es un sitio espectacularmente bello, pero de muy difícil acceso. Ya de por sí es duro llegar al punto de partida, y luego hay que caminar al menos tres días, sin ningún medio de transporte, salvo tus pies, y recorrer grandes distancias entre mosquitos y ríos cruzados, apoyados siempre por unos guías indígenas de la tribu pemón, que trabajan de porteadores. Estos guías transportan el campamento completo: la cocina, la comida, las casas de campaña y todos los insumos que se utilizan en el viaje, incluyendo el baño.

Después de tres días de caminata bajo un sol abrasador, llegas a la base de una montaña descomunal. Es impresionante estar de pie ahí, dándote cuenta de la altura que tiene. Te dedicas todo un día a subirla.

Ir a Venezuela generó una gran confusión en nuestra familia y en la gente a nuestro alrededor. El país estaba en plena crisis, y por ello nos preguntaban: "¿Cómo van a un país tan peligroso, tan complejo, en medio de la crisis? ¿Y con estas situaciones políticas y sociales tan difíciles que se están viviendo?".

Entre todo este caos del afuera, decidimos llevar nuestra atención al adentro, al interior, y juntos creamos una frase de profunda vibración y de gran poder. Y esta era: "Si hay paz en mí, hay paz en mi camino". Decidimos que iríamos a Venezuela con paz en el interior, abriendo todo desde un lugar profundo, para que fluyera de la mejor manera y en paz. A pesar de las circunstancias complicadas, nuestra vibración interior y nuestra energía fueron realizando su trabajo; los senderos siempre se abrieron y fueron tranquilos.

El recorrido es un camino muy largo. Hay que tomar un avión hasta Caracas y luego la transición por autobús hasta una ciudad llamada Puerto Ordaz; de ahí hacer un cambio de transporte, llegar a un campamento base y caminar tres días de ida, más uno de ascenso. Disfrutamos unos cuatro o cinco días arriba de Roraima y luego bajamos, en una caminata también muy pesada.

Para volver a la capital venezolana desde Puerto Ordaz tuvimos un conflicto muy serio con las líneas aéreas, pues no había aviones que estuvieran despegando. En ese momento, Venezuela solo contaba con dos aeronaves para recorrer las rutas, pero nosotros, a pesar de las negativas y de lo imposible que parecía, nos mantuvimos con esa intención, vibrando y afirmando: "Si hay paz en mí, hay paz en mi camino".

A partir de ahí se transformó en una frase que sonaba distinto: "Si pasa en mí, pasa en mi camino", de tal manera que cuando nos dijeron que no podríamos despegar, en lugar de entrar en el caos nos pusimos a meditar. Entramos juntos en un aeropuerto en plena crisis, pero nosotros estábamos en un estado de meditación, en coherencia, repitiendo la frase "Abramos el milagro".

"Es imposible", nos decían, pero nosotros nos manteníamos pulsando, transmitiendo y confiando en que las cosas iban a ocurrir de una buena manera. Nos mantuvimos tan serenos, tan confiados, que muchísima gente se había ido de la terminal aérea porque se había cancelado el vuelo, pero nosotros permanecimos ahí confiando, confiando, confiando.

De una manera muy particular, muchas horas después, quizá seis o siete, pudimos ver un avión que había llegado muy retrasado. Y desde ahí, desde ese momento mágico, con cada uno de esos seres increíbles con quienes compartimos esta experiencia, mantuvimos un grato recuerdo y nos decimos mutuamente: "Si hay paz en mí, hay paz en mi camino" o "Si pasa en mí, pasa en mi camino".

Por tanto, podemos comprender que mientras el principio de unicidad te hace responsable y consciente de todo lo que está rodeándote y de cómo está interconectado, el principio de generación te vuelve artífice y cocreador de lo que tú quieres que te rodee.

Sería interesante que te preguntaras y te dieras un tiempo para reflexionar: ¿qué está pasando en tu entorno? ¿Qué hay cerca de ti? ¿De qué se quejan las personas más cercanas? ¿En qué tipo de mundo, en qué tipo de vida habitas? ¿En qué momento de tu historia personal te encuentras? ¿En qué etapa de tu ciclo evolutivo estás ahora mismo? ¿Qué te cuentas en la cabeza? Todo eso que te rodea, aunque suene un poco duro, es parte de lo que tú has cocreado, de cómo has empleado el principio de generación. Y aunque no todo es tu responsabilidad al cien por ciento, debes comenzar por entender, a partir de este principio, que has influido en la realidad que te rodea y que estás viviendo.

La casa en la que vives, el espacio en el que estás (sofocante, saturante, bello, limpio, sucio, abierto, amplio, sano) lo has creado tú. Si tu casa es una propiedad preciosa, iluminada, agradable, armoniosa... ¡felicidades! La has creado tú.

Pero si está formada por dos paredes estrechas que huelen mal porque se descompuso la cañería, y además no hay luz y tienes un vecino que te molesta con su música todo el tiempo, debo decirte que, al menos parcialmente, tú también lo has generado.

Y si asumes que esa casa está hablando de ti, y si entiendes que lo que está a tu alrededor es parte de lo que se encuentra en tu interior, tú puedes hacer una transformación y entender que, entonces, "si lo cambias en ti, lo cambias afuera". Esto es el principio de generación.

Si eres un neurótico que toma cuatro ansiolíticos para tranquilizarte y no quieres bajarle al medicamento porque prefieres andar pacífico y sereno como si fueras un yogui hindú, tienes un problema por delante. Y es que no se trata simplemente de parecer un yogui. Para serlo en realidad tienes que vibrarlo, sentirlo y pulsarlo desde tu corazón; solo entonces la realidad que habitas encontrará la paz que estás pulsando como un gran láser desde el fondo de tu corazón.

No se trata de afirmar ni de decretar hacia afuera, de poner tu energía en el exterior; se trata, en realidad, de GENERAR. Si quieres generar el amor, géneralo en ti. Si quieres generar la abundancia, génerala en ti. Si quieres generar la paz, génerala en ti.

Comprender el principio de unicidad nos sirve de plataforma para comprender y aplicar el principio de generación, porque hay correlación entre estos dos principios: solo quien se reconoce profundamente y asume que es parte de la totalidad puede entender que es capaz de influir en esa totalidad generando dentro la vibración, la energía y la consciencia correcta.

Entonces, según el principio de generación: si yo quiero reparar algo que está afuera, debo hacerlo primero adentro, reconociendo que yo soy el punto focal a partir del cual todo surge. Soy un generador central de mi realidad. Lo que vive dentro de mí produce o influye en aquello que me rodea.

Somos generadores. Los seres humanos tenemos una energía pulsante y una energía magnética, es decir, una energía receptiva.

Cuando nosotros entendemos que recibimos información de la vida, pero también le emitimos información a la vida, dejamos atrás la idea de ser víctimas. Las personas que asumen el rol de víctimas juegan como si solo recibieran lo que la vida les da, y actúan en consecuencia con esas migajas.

Sin embargo, cuando cambiamos el paradigma y nos damos cuenta de que también nosotros le emitimos a la vida, decidimos dejar atrás a la víctima y tomar un rol activo. Entendemos que somos responsables o corresponsables de lo que nos ha ocurrido, de tal manera que le hablamos al universo con el corazón para pedirle lo que realmente queremos vivir.

La idea de entender al ser humano como un generador es formidable, porque de esta manera podemos comprender que lo que uno emite, que lo que uno pulsa, y que las cargas energéticas que uno produce, ya sea en modo consciente o inconsciente, van emitiendo paquetes de información a la realidad, y esto ocurre de forma constante y continua. Todo el tiempo tus pensamientos, emociones, sentimientos, ideas e historias están emitiendo ondas de energía hacia afuera, que la realidad toma y refleja para ti.

Imagina que eres un radio encendido 24 horas, siete días a la semana, los 365 días del año, y que estás transmitiendo de forma ininterrumpida. Ten presente que la vibración que pulsas surge como paquetitos de información de forma constante y continua, pero no siempre consciente. A los alumnos de chamanismo les enseño la palabra irradiación. Cuando un cuerpo emana ondas de energía hacia todas direcciones y expande estas ondas a su alrededor, se dice que está irradiando. Es como un sol del cual salen rayos de luz y calor.

Es muy importante que continuamente te preguntes: ¿qué estoy irradiando en este momento?, ¿estoy emitiendo gratitud?,

¿estoy emitiendo paz?, ¿estoy emitiendo conflicto? Eso que yo emito va cargando el campo de información: cuanto menos fuerte sea mi emanación, más tiempo tardo en cargarlo, en sumarle energía para que se manifieste lo que estoy generando.

Hay personas que son muy potentes en su emanación y dicen: "Quiero pelea", y rápidamente lo manifiestan. Pero esa pelea que la persona exteriorizó con mucha velocidad no es solamente producto de su deseo, sino de la información sobre el pedido constante que su campo se encuentra emitiendo. Es como si fuera preparándose para la una especie de *software* del universo; como si se programara con la instrucción de "pelea, pelea, pelea", de tal manera que cuando se le da la orden, despliega esta programación y se presenta en nuestra vida.

Hay personas que son buenas para manifestar la enfermedad o la carencia, pero se trata de una manifestación inconsciente. En ese caso no se trata del principio de generación, sino de una manifestación reactiva.

Llamamos manifestación reactiva a la que se va generando sin consciencia, es decir, que la persona va pulsando sin elegir. Esto le sucede a menudo a la gente quejumbrosa, a la angustiosa, a la peleonera, a la gente que se encuentra permanentemente en modo "se me va a acabar el dinero".

Cuando yo hablo de la ley de generación, hablo de una acción proactiva. Yo elijo emitir lo que estoy emitiendo.

La amiga guapa que está en su época de conquista dice: "hoy voy a ligar"; y sale y pesca un candidato. Lo atrae porque esa energía está allí, condensada con mucha fuerza, y la puede emitir.

Cuando hablo de irradiación, hablo de consciencia. Es fundamental que muchas veces te preguntes: ¿qué estoy irradiando constantemente al universo? Porque eso que tú emites va a cargar y programar tu campo de información. Si irradias al universo que continuamente mereces comida deliciosa, mereces regalos, mereces cariño, mereces la paz, mereces el amor, mereces el mimo, el universo empieza a tener cargada esa información y, cuando más necesaria sea, la desplegará para ti. Es como si respondiera a aquello que has generado desde tu energía interior. Es como un campo de información universal, y cuando alguien pregunta: "¿Quién se merece un aumento? ¡Yo me merezco el aumento!"; entonces toda la energía llegará directo a ti, porque hay una carga, una preprogramación en el campo. Si, por el contrario, no recibes el dinero, es porque en ese momento no hay esa carga. Una perspectiva muy profunda en el principio de generación es que existe una correlación directa entre tu capacidad de manifestar y la cantidad de energía que tú tienes para hacerlo.

Todos conocemos a personas espectaculares que al decir: "Yo quiero una pareja", listo: les aparece la pareja. Cuando dicen: "Yo quiero un pastel de chocolate", listo: les aparece el pastel de chocolate.

A quienes observan desde afuera quizá les parezca algo inexplicable, insólito o tal vez algo que tiene que ver con la suerte; pero, en realidad, la persona lleva mucho tiempo generando la energía a través de un pensamiento, una emoción o una afirmación. Por ejemplo: "Todo lo que quiero se manifiesta pronto"; cuando alguien le ha dado tiempo a este pensamiento, a esta afirmación, cuando le ha dedicado su atención y su presencia, va construyéndola como una parte de su realidad. Cuando aparece eso que ha nombrado tanto, puede tomarlo.

No es una gesta instantánea. Es una preparación de un nivel vibratorio y energético altísimo, y en ese momento simplemente consigue las partes y se manifiesta. Es como un pastel cuando está listo y sale del horno, pero llevaba horas previas horneándose y, aún más, la gente que elaboró la receta había comprado los insumos mucho tiempo antes de que el pastel estuviera terminado.

Ten presente que eres generador tanto del conflicto como de la paz. Eres generador de que las cosas cambien o de que se estanquen. Eres generador de que las cosas avancen, fluyan y se realicen. Toma consciencia de esto y tu vida cambiará.

Para estar en una posición de generación necesitas vibrar alto, mantener tu energía limpia, tu mente clara, tu atención bien focalizada en el deseo que quieres lograr. Necesitas ser coherente con eso que estás por conseguir. No puedes ver manifestada la abundancia si estás generando carencia desde adentro con dudas, miedos o actitudes egoístas. Tampoco puedes pedir que el amor se manifieste en tu vida si dentro de tu corazón no te quieres a ti mismo. No se puede pedir salud manifestada pensando constantemente en la enfermedad y teniendo miedo de vivir la plenitud y la salud completa.

Por tanto, tienes que saber que el universo, de una manera estructurada, recibe tus pulsaciones y cuando tú estás emitiendo muchas cosas a la vez, va a recibir la pulsación más fuerte. Básicamente emitimos cuatro pulsaciones: la mental, la corpórea, la emocional y la espiritual. ¿Cuál de las cuatro es la que más va a escuchar el universo? Recuerda: será la que tenga más fuerza de emanación, la que tenga más coherencia contigo, aquella en donde estés más presente, más atento y donde tu energía vibre más alto.

¿Se pueden emitir diferentes frecuencias al mismo tiempo? La respuesta es sí. De hecho, la mayoría de las veces lo hacemos. Quizá tu cuerpo y tu voz dicen: "Te pido perdón", pero tu corazón está diciendo: "Estoy furioso contigo". Y a lo mejor tu voz dice: "De acuerdo", pero la energía que sale de tu voz es nivel 2 y la energía de furia, la que emerge de tu corazón, es nivel 6; entonces el universo va a registrar el nivel 2 del cuerpo, pero responderá mayormente a la energía 6 de la emoción, porque es la que está vibrando más fuerte.

Una idea fundamental que quisiera que mantuvieras presente es: somos un punto generador. Lo que vivo en mí se refleja en lo que me rodea. Si yo quiero corregir algo, primero lo corrijo dentro. Si yo pretendo liberar algo, primero lo libero dentro. Si yo quiero ver manifestado algo, primero lo manifiesto en mi interior como si fuera un hecho.

Si tu deseo es corregir la injusticia en el mundo, comienza por enmendar la injusticia en ti; si tú quieres corregir el dolor de las mujeres en el mundo, empieza por sanar a la parte femenina que hay en ti.

Si yo me siento separado de la totalidad, sería solamente un espectador de lo que la vida hace, pero cuando entiendo el principio de unicidad y el principio de generación, sé que estoy sumado al proceso de creación de lo que la vida hace. La totalidad de la que yo formo parte es la misma totalidad en la que yo puedo influir. Entonces viene un proceso muy bonito de toma de consciencia, de valoración personal, de crecimiento y de cambio.

Estoy seguro de que, aplicando estas leyes, tu vida va a cambiar positivamente.

Una vez comprendido lo anterior, surge una paradoja: ¿me preocupo por la falta de dinero o mejor me ocupo en generar la vibración apropiada para atraer dinero? ¿Me preocupo por la enfermedad y por todos los daños que puede traer a mi vida o me ocupo en generar la vibración que me acerque a la salud?

Si solo estás esperando que algo de afuera ocurra para resolver tus problemas, estás atado. Siempre dependerás de lo que está fuera de tu control. Pero si reconoces que puedes ser un creador proactivo, dejarás de ser una víctima que se lamenta de lo que ocurre para volverte un verdadero cocreador y generador de tu realidad.

Necesitas empezar a generar ahora mismo, dentro de ti, lo que quieres ver afuera, así como dejar atrás las tonterías y los pretextos y entrenarte con fuerza. Necesitas ampliar tu consciencia para reconocer que siempre hay algo que tú puedes hacer de forma positiva para que las cosas que no te gustan cambien, y que siempre hay algo que tú puedes sostener de forma amorosa para que perdure lo que es bello en tu vida.

Genera el cambio, hazlo dentro de ti y, cuando lo hagas, te darás cuenta de que, como la anilina, vas a pintar todo a tu alrededor. De esta manera irás generando realidades que antes te parecían imposibles. Fuera del campo de la racionalidad pura y de la materialidad de la realidad en el juego, puedes producir cambios porque ya no estás simplemente jugando el juego que te han enseñado o han creado para ti; ahora tú también eres un creador del mismo.

Una buena manera de que lleves a la práctica estas leyes es que realices pequeños actos psicomágicos para hacerte consciente y para que tu vibración tenga una mayor repercusión en el *Līlā,* el gran juego cósmico.

Voy a regalarte cuatro actos psicomágicos muy cotidianos que puedes hacer para estar en consciencia de lo que necesitas vibrar al mundo.

1. Busca un pequeño rito que te traiga de vuelta a ti cada día, que te traiga a la consciencia. Puede ser que, antes de dormir, te pongas un aceite, respires un poco y tomes consciencia de que eres un ser y no el personaje de la obra de teatro. Otra opción es que, cuando cruces la puerta de tu casa, hagas consciencia de que estás volviendo a un entorno, que dejas afuera todo el mundo material y las formas y puedes tener contacto con tu propia esencia creadora.

2. Abre ambas palmas de tus manos como si fueras una antena y, de una forma profunda, pregúntate: ¿qué le estoy irradiando al

Ley universal II: Principio de generación 65

mundo ahora?, ¿qué estoy emitiendo, que estoy pulsando?, ¿qué estoy vibrando, con qué tipo de emociones estoy viviendo el instante presente? Puedes hacer un pequeño giro, como ajustando tu antena, y luego pregúntate: ¿qué es lo que quiero emitir?, ¿qué es lo que deseo pulsar en este momento o para esta circunstancia en particular?

3. Este es un acto muy simple: cuando te laves las manos, siente que el agua retira de ti todo aquello que no quieres pulsar, como si al lavarte las manos te lavaras también los pensamientos y las emociones negativas, dejándolas ir, dejándolas caer, manteniéndote fresco para poder pulsar, vibrar y generar la energía que tú realmente quieres en ese momento.

4. Busca un pequeño símbolo, algo que puedas traer contigo todos los días; puede ser una pulsera, un anillo, un reloj, algún pañuelo de color, algo muy sencillo o quizás una pequeña marca en el cuerpo. Este será un recordatorio constante, positivo, siempre positivo de aquello que quieres emitir. Si por ejemplo estás en la búsqueda de un buen trabajo, tal vez ponerte una pulsera que te recuerde que eres merecedor y digno de encontrarlo puede ayudarte. O si estás en un momento de la vida en el que quieres encontrar una realización espiritual trascendental, colócate un anillo que te recuerde esa búsqueda, ese encuentro. La sensación profunda de paz será una gran aliada...

Recuerda que los actos psicomágicos funcionan cuando se aplican. Estamos emitiendo una vibración que nos recuerda que tenemos que pulsar y generar una vibración mayor.

Si sonríes a la vida, ella termina sonriéndote.

—TERESA VIEJO

Capítulo
3

Ley universal III: Principio de resonancia

En esta red infinita a la que llamamos realidad, hay partes que se atraen, que generan un magnetismo y una armonía entre sí.

Una vez que hemos comprendido que somos parte de una inmensa red, que en el universo todo está conectado, que somos generadores capaces de emitir y subir información hacia el gran plano de creación, entonces ya estamos listos para conocer el tercer principio, que es el principio de resonancia.

Insisto, ahora eres consciente de que has descubierto la Gran Red y también tu capacidad generadora; ahora te toca reconocer que hay partes que se jalan, que se atraen entre sí y que generan un magnetismo, una especie de danza vibrante y fluida. Esto es, en resumidas cuentas, el principio de resonancia

Ahora, en este nivel, no se tratará solamente de generar, sino de conectar con lo que ya está generado y atraer a nosotros lo que es más útil. Es importante que sepas que atraer lo que quieres es posible, deseable y alcanzable si aprendes cómo hacerlo.

Para poner un ejemplo, podríamos pensar en un río. No es lo mismo crear un río que atraer el cauce de uno ya existente. ¿Es posible crear un río? Sí, lo es, pero el trabajo es durísimo; se tendría que modificar la estructura de la realidad para generar un río nuevo. En cambio, si hay uno fluyendo, lo desviamos y lo acercamos a nosotros para que pueda beneficiarnos. El trabajo es más simple y, en la mayoría de los casos, mucho más efectivo.

Uno de los principios que hay en *El Kybalión*, que es uno de los tratados esotéricos más importantes de nuestra historia, afirma que el universo jamás desperdicia energía, que el universo se mueve desde la forma más simple que le permita expresarse. ¿A qué se refiere? Por ejemplo, cuando yo pienso en ir de mi cuarto hacia el coche, puedo hacerlo en diez, veinte, treinta o cincuenta pasos. Puedo pasar primero por la cocina y luego ir al auto. Puedo subir a la azotea, después bajar a la cocina y luego ir al coche. Y así, hay infinidad de trayectorias que podría tomar para finalmente llegar al carro.

Sin embargo, el universo acciona de manera distinta. El universo economiza la energía porque, a diferencia de nosotros, que somos un poco desperdiciadores de los flujos vitales, sabe lo sagrada que es la energía y la cuida al máximo. Nunca emplea energía que no sea útil; por esa razón el universo iría directamente en la línea más concreta, desde la habitación hasta el auto, sin desviarse, ni distraerse, ni perder energía, encontrando siempre el camino más directo, la forma más certera para llegar al resultado. El universo cuida la energía porque es él quien la produce. Todos somos responsables de mantener nuestra atención y nuestro foco en el objetivo e ir directamente hacia él.

Todo lo que está vivo tiene una razón de ser. El universo jamás invertiría su energía para nada. Por tanto, debes sentirte afortunado, porque si estás aquí es porque el universo percibe cualidades tuyas necesarias para que la vida exista. Somos parte de una gran orquesta, quizá solamente una nota o tal vez un instrumento musical, una pequeña melodía o un ritmo, incluso algunos podemos ser un silencio, pero absolutamente todos hacemos parte de la gran música del mundo.

Ahora, es importante que reconozcas que, así como eres de pequeño en comparación con la inmensidad de la Gran Unicidad, también eres muy relevante, porque tu vibración y tu presencia ayudan a crear y a atraer las partes de la realidad que tú quieres en tu vida.

Voy a ponerte un ejemplo para que tengas claridad y entiendas cómo se relaciona el principio de generación con el principio de resonancia. Mientras en el primero nos toca generar toda la energía para que algo surja o aparezca por primera vez, en el segundo podemos poner solo un poco de energía y atraer o influir en lo que ya existe, para que pueda servir a nuestros fines.

Imagínate que cada uno de los seres humanos quisiéramos encontrar la vacuna para una enfermedad específica. Cada quien en su casa, aislado, se pone a buscarla. Entre ellos no se pasan avances del experimento. Cada uno está trabajando por su cuenta. De ese modo se tendría que emplear muchísima energía, horas y horas para dar pequeños pasos; sería un camino largo y extenuante. Esto ocurriría si solo aplicáramos el principio de generación, pero si ocupáramos el de resonancia podríamos intercambiar información y tomar avances que otras personas han hecho, atrayéndolos a nosotros. También nos permitiría sumar nuestro trabajo al de los demás, conectar con todo ese descubrimiento que se ha hecho y, de esa manera, generar la vacuna. Sería más fácil. ¿No te parece?

Por otro lado, imagina que estás creando un cuadro y que necesitas complementarlo con diferentes colores. Si los colores que vas a añadir a tu cuadro combinan, entonces son colores que están en resonancia. Si de alguna manera, una gama muy especial no solo combina sino que genera un balance, un equilibrio, entonces la resonancia es mayor. Si quizás es otro tono con una pequeña variación el que embona a la perfección, tendrías incluso más resonancia. Por tanto, cuanto más parecido es, cuanto más combina, se armoniza y se equilibra, hay una mayor resonancia.

Esto también podríamos entenderlo pensando en la música. Puedes escuchar un mi en una escala y otro mi en otra escala, y hay algo que se compagina entre esas notas, algo que se adhiere, algo que se suma, algo que encaja perfectamente. Con las personas lo entenderemos. Hay algunas relaciones con las que compaginamos a la perfección, estamos bien, nos sentimos tranquilos, estamos resonando. Y hay algunas otras que nos cuestan mucho más trabajo, con las que simplemente no tenemos química, no generamos la conexión; a eso se le llama disonancia.

La resonancia es un acuerdo de cooperación. Los seres humanos ganamos mucho cuando comprendemos esta ley, cuando entendemos que aquello que queremos atraer a nuestra vida puede beneficiarnos, pero también que eso que me beneficia a mí puede beneficiar a los demás.

Es como si nos juntamos en una "cooperativa universal" donde cada cual tiene algo que poner, y lo que tiene que poner cada individuo puede beneficiar al resto, y lo que muchos tienen que poner beneficiaría a todas las personas.

La resonancia siempre se multiplica. Volviendo al ejemplo de la vacuna, imagina el avance que obtendríamos si cada científico y cada laboratorio pudieran compartir sus descubrimientos, de tal manera que hubiera un bien colectivo cuanto más rápido se alcanzara el resultado. Es lindo sentir que podemos hacernos mucho bien cuando nuestra resonancia se pone al servicio de un bien mayor.

Cuando tú tienes una buena intención para alguien y ese alguien tiene una buena intención para ti, la suma de las intenciones se hace más grande. Ahora imagina que tú quieres resonar, atraer y conectar la abundancia, la salud, la dicha; que tú deseas atraer y conectar todo lo bueno para ti. Bueno, pues para hacerlo necesitas sintonizar desde tu interior con esa frecuencia energética.

Esto nos remite al sentido de lo holístico. Entendamos su significado: *holos* significa todo, la suma de los todos. El concepto de holístico es que el todo es más que la suma de las partes. Cuando una familia se reúne, son más que cinco individuos reunidos; hay algo extra, aparte de la suma de los cinco individuos. Es decir, una familia es algo holístico, es algo integral, no son solo los cuatro o cinco que están, sino la energía, la intención, el cariño, el vínculo que es más que únicamente los individuos.

Permíteme contarte una historia más acerca de la resonancia. Hace años uno de mis alumnos mexicanos me platicó que había volado a España, a una feria de energías renovables. Era una feria con miles de personas caminando entre los estands, buscando hacer negocios, por supuesto. Mi alumno avanzaba preguntando cuál empresa podría ofrecerle el servicio que él necesitaba, y encontró a una persona sentada; era uno de los cientos de vendedores que estaban en la feria y algo llamó su atención. Cuando se acercó al vendedor para preguntarle, se dio cuenta de que el hombre tenía en el escritorio mi primer libro publicado. Mi alumno me cuenta que en realidad él no vio el ejemplar a la distancia, pero que algo lo atrajo a él y luego miró el libro. Lo bueno de la historia es que pudieron hacer un negocio que benefició mucho a los dos, y ambos me escribieron para contarme la divertida anécdota: cómo fue que un hombre de negocios de México y un hombre de negocios de España se encontraron en una feria internacional y, por coincidencia, los dos habían sido mis alumnos.

Para mí esto es un ejemplo de resonancia. Hay algo que emite la energía de alguien que puede combinar perfectamente con la energía de alguien más, incluso cuando lo hacemos de forma inconsciente.

Cuando nosotros entendemos que aquellas personas que atraemos no solamente son atraídas por la generación, sino también por resonancia o vibración, descubrimos por qué nos parecemos tanto a nuestros amigos. Por qué conectamos con el mismo tipo de jefe una y otra vez. Por qué atraemos experiencias de vida tan similares, como el abuso o el abandono. O también, cómo es que podemos mantener una frecuencia para que en las cosas y en la vida nos vaya muy bien. A final tenemos que ser conscientes de que estamos en una frecuencia, atrayendo frecuencias afines. Recuerda: esto es resonar.

Holos y resonancia

Holos significa todo. Holístico es un concepto que nos cuenta que el todo es más que la suma de sus partes. Ahora imagina una banda de música con cinco integrantes; cuando tú los escuchas por separado, cada uno es un extraordinario músico, pero cuando los oyes juntos en armonía se produce algo más que la suma de las cualidades de cada uno de ellos. Hay un añadido, un extra. Lo mismo ocurre en un auto. Tú puedes tener las llantas, el motor, el volante, el freno, la palanca de velocidades, pero cuando se juntan los elementos se crea algo superior. A esto se le llama holístico.

Cuando tú amas a tu pareja y esta te ama a ti, son más que dos personas amándose. Está tu amor y su amor, y eso crea un amor más grande. O como lo dice tan bellamente Mario Benedetti: "En la calle, codo a codo, somos mucho más que dos". Ese amor añadido es exponencial y hace que podamos atraer a nosotros todo aquello que combine, que empate y resuene con esa misma frecuencia de amor. Así, la pareja que se ama atrae un hijo afín, una casa linda y una vida hermosa.

El universo puede vibrar en resonancias constructivas o en resonancias destructivas; por ejemplo, si hay un espacio muy amplio y cinco personas tienen miedo ahí, comienzan a emitir esa sensación y van a ir atrayendo a otras personas que resuenen con el miedo hacia esa experiencia tremenda. Si crece, va a ir atrayendo a más y más personas que estén abiertas o vibrando en una frecuencia similar, hasta que quizá todo el espacio se llene de temor por resonancia.

Quizá te ha pasado alguna vez de noche, cuando alguien dice: "Escuché un ruido" y sale alguien más diciendo: "Yo también sentí algo". Se comienza a generar una psicosis colectiva. Empiezas a resonar con el miedo. Entonces alguien más escucha algo nuevo y se va haciendo una escalada de temor que se va retroalimentando y resonando cada vez más, porque todos tenemos miedo. Si lo pudiésemos dividir, nos daríamos cuenta de que en la habitación hay más miedo que personas como individuos, que hay un temor añadido. Eso es resonar: atraer diferentes partes para generar más energía.

Ahora, vayamos a otro ejemplo positivo. Imagínate que estás en la mesa de tu comedor y llega un familiar diciéndote: "¡Me ha ido muy bien hoy, me ocurrió algo maravilloso!". Y te lo platica. Y luego alguien más resuena con ese acto bueno y cuenta: "Pues a mí me pasó esto y esto, y también fue bueno". De pronto, la familia comienza a resonar con las buenas noticias, a compartir cada uno su experiencia y llega el punto en el que hay una vibra, una energía, una pulsación totalmente conectada con lo positivo, con lo agradable, con lo benéfico; eso es resonar. Y tú debes buscar este tipo de resonancias positivas que aporten y sumen a tu vida y a las de los demás.

Pero si por alguna razón no deseada tú entras en resonancias destructivas o negativas, de miedo, de angustia, de obsesión o pánico, debes recordar que hay tres pasos que pueden ayudarte a salir de ellas. Te los comparto con todo cariño:

1. Recordar que todo está unificado.
2. Generar conscientemente una vibración constructiva separada de lo que te tiene atrapado. Un pensamiento positivo, una afirmación, un recuerdo que te haga sentir bien o agradecer por lo que tienes ahora.
3. Resonar vibrando hacia eso que tú quieres atraer.

En lugar de estar en el miedo, centrarte en la gratitud. En vez de estar en el desánimo, centrarte en lo positivo, en las cosas buenas que hay alrededor de ti.

Imagina, en el ejemplo de la gente con miedo, que hay un ataque de pánico y una de las personas de ese gran espacio dice: "Yo creo firmemente en la luz y en el bien". Entonces esa persona, que no está entrando en el miedo, con su afirmación positiva comienza a generar una vibración nueva, constructiva. Y vuelve a decir: "Yo confío en la luz y en el bien. Tranquilos, porque esto es algo bueno para todos". Y comienza a influir desde su frase a alguien más, que resuena con alguien más. De pronto hay quien tiene miedo y quien tiene confianza en el espacio. Pero cada vez que alguien con confianza se suma, la vibración se eleva. Recuerda que tú puedes ser de las personas que se dejan arrastrar por las resonancias negativas o mantener tu atención alta y centrarte en lo constructivo, vibrando en lo positivo y atrayendo a las personas a resonar en el mayor bien posible.

Los elementos clave de la resonancia

En el universo todo está conectado. Hay fuerzas en constante movimiento. Pensemos en el universo como una gran sopa, con una cierta densidad. Ese denso universo es removido cuando alguien aplica el principio de unicidad.

Y todo es parte de una vibración; todo el caldo se mueve a través de un código y una frecuencia. Podemos entender la frecuencia como la intensidad de la energía. A mayor energía en menos espacio, más elevada la frecuencia. A menor energía en el mismo espacio, más baja la frecuencia. La vibración y la frecuencia son propiedades de la energía. Ahora volvamos a la sopa.

En esta gran sopa que es el universo, el flujo que hay constantemente tiene como un ritmo, una especie de sonido de fondo, como un tambor. Ese tambor es nuestra vibración. Nuestro corazón emite una vibración. La madre tierra que late también tiene una vibración. Las esferas en el cielo transmiten un sonido, una vibración. La rotación igualmente es una vibración. La planta, al crecer (aunque no la escuchamos), está generando una nueva vibración. Los animales en movimiento, los sonidos de la naturaleza, el agua del mar, una montaña, una piedra, la tierra misma están generando una vibración. Todo vibra.

Y esa vibración se puede entender a partir de un valor que se llama frecuencia. Es como si pudiésemos traer a un plano, desde lo energético y lo espiritual, un valor y pudiéramos traducirlo a nuestro entendimiento. Recuerda que la frecuencia es una manera de medir la vibración y la energía.

Nosotros hemos decidido dar valores a cosas totalmente subjetivas como la temperatura. En nuestra cultura sería sano si el termómetro marcara 36.5 °C de temperatura, pero si tomáramos los referentes de otros países cuya escala son los grados Fahrenheit, tendríamos una medición distinta que también estaría hablando de salud en su propio lenguaje.

Igual sucede con el peso. Si te pesas con una balanza graduada en kilos, te arrojará un resultado aparentemente distinto del de una graduada en libras. Tendrías dos cifras diferentes de tu peso. Entonces, nosotros asignamos un valor y a partir de él podemos comprender desde nuestro paradigma de percepción.

Le hemos asignado un valor a todas las cosas y luego legitimamos ese valor como correcto. El universo, sin embargo, está encriptado en códigos mucho más complejos de energía e información.

Si yo tomara una flor o una planta del jardín y quisiera simplificarla en energía, tendría que decodificar su vibración, tendría que descompactarla de su forma original y le daría un valor energético subjetivo fundamentado en la frecuencia.

Las frecuencias son muy importantes para entender cómo funciona la vida desde una perspectiva más trascendente. Sin embargo, quiero que tú sepas que hay muchas cosas que no se pueden medir o que quizá los instrumentos y las herramientas con las que contamos ahora somos incapaces de hacerlo. Hay elementos que simplemente están, cosas sagradas que no podemos encapsular en nuestros paradigmas humanos.

La enfermedad aparece porque la persona se encuentra en una frecuencia de vibración alejada de la coherencia. Para que tú te enfermes de un padecimiento X, debes tener una vibración en donde el padecimiento X pueda permear. El ejemplo más fácil son los virus y las bacterias; hay personas que están en la misma habitación y unas se infectan y otras no. A nivel energético diríamos que las personas que se mantienen sanas están en una frecuencia de vibración elevada que no permite que el virus se instale ahí. Esto mismo también puede ocurrir en otras áreas de la vida. Por ejemplo, si tú estás en una frecuencia de vibración armónica, cosas buenas te van a pasar; pero si tu frecuencia de vibración es baja, nociva o tóxica, entonces quizás atraigas por resonancia algunos eventos complejos a tu historia personal.

En el pasado, y quizá también en la actualidad, algunas personas con gran conocimiento han podido extraer la energía de una planta. Cuidado: la energía no es el aroma ni el sabor, y a veces tampoco los componentes químicos. Es algo más, pero igualmente se puede extraer.

Imagina que tú eres un paquete de información, eres un ser humano y pueden extraerte información vibrando de muchas maneras diferentes. Puedes ser comprendido por tu estatura, por tu peso, por las cualidades intelectuales que hay en ti, pero además por tus potencialidades energéticas, por la frecuencia que estás emitiendo. Quizás el enojo o la amabilidad, el perdón o el resentimiento sean también parte de un manejo distinto de las frecuencias que hay en tu interior. Cuando tú estás en paz, sustancialmente tranquilo, tu frecuencia cambia. Del mismo modo que si estás en conflicto o en rabia, por ejemplo, toda la energía de tu cuerpo vibra y se expresa de una manera diferente.

Una madre no produce la misma vibración cuando reprende a su hijo que cuando le canta una canción de cuna. Es la misma persona emitiendo distintas vibraciones. Es la madre en diferentes expresiones.

El universo se expresa de muchas maneras, pero tú tienes el poder de elegir con qué frecuencia te conectas con él.

En el pasado, a esta capacidad de entender el universo en su rango de frecuencias se le llamaba magia. Era mágico cuando alguien podía darte una planta o una raíz, extrayendo sus cualidades energéticas y también naturales, y te curabas.

Ahora, cuando entiendes el mundo desde el principio de resonancia, puedes comprender que lo que cura no son solo los componentes químicos de la planta, sino la energía, la vibración. Pero para que esa vibración te cure, debes entrar en resonancia; es decir, estar abierto a la medicina para poder sanarte.

En muchos espacios se habla de que no hay sanación sin el paciente. Esto se refiere a un hecho muy sencillo: solo cuando tú estás interiormente dispuesto a sanar, vibrando en la sanación, puedes traer la sanación realmente a tu historia.

Muchas personas encuentran alivio al escuchar un cuenco tibetano o escuchar cantos gregorianos, una misa o también el canto chamánico, pero no se dan cuenta de que debajo de la melodía tal o cual hay una vibración, y es la energía que emite esa vibración en resonancia contigo lo que cura. Si los cuencos o los cantos curaran por sí mismos, a todos les llegaría la sanación, pero es solamente a algunos. Aquellos que se conectan con lo profundo, con lo energético, con lo esencial, son quienes reciben esa medicina. Por tanto, debes hacerte consciente de que cuando estás recibiendo la vibración del universo, lo que estás viviendo adentro hace parte de la creación.

Si al estar escuchando un canto medicinal tú estás sintiendo odio o resentimiento o pensando que es una tontería, no vas a recibir la energía y, por tanto, no vas a mirar ningún efecto en ti. En cambio, si estás abierto, receptivo, deseoso de sanar, la energía a través de tu vibración, en coherencia con tu resonancia, va a curarte.

Lo que comúnmente se conoce como magia es el arte de codificar y decodificar la energía de la realidad. Quien aplica las leyes universales en su beneficio hace cosas que para los demás resultan inimaginables. La gente que no puede comprender cómo ocurre lo cataloga como magia, porque es muy profundo y hace falta tener la información correcta y el entrenamiento para poder llevarlo a cabo. Quienes hacemos un trabajo espiritual, quienes trabajamos con la energía, quienes entendemos un poco más la psique, la mente, las causas de las cosas, entramos en planos de consciencia que nos permiten establecer resonancia con la sanación, la plenitud, la paz.

El proceso neurológico se da por resonancia. Los procesos sinápticos que ocurren en el interior de nuestro cerebro son procesos electromagnéticos. Cuando queremos atraer algo, podemos hacerlo desde la parte racional generando energía a través de nuestros flujos neuronales y construyendo frases como "quiero dinero", y entonces pensamos en billetes. El dinero es una palabra y los billetes son una imagen, así que empezamos a fusionar la energía racional con la mental. Podemos ir más allá del dinero y pensar: ¿qué emoción se debe sentir para atraer la abundancia? Entonces adherimos energía emocional. Emociones como la gratitud, la generosidad, el amor, la confianza, la seguridad, la plenitud, el gozo, la alegría, la fraternidad y la paz ayudan.

Si solo pienso en la abundancia como dinero, estoy limitando mi resonancia solamente al dinero, a billetes y monedas. Y si no encuentro billetes o monedas, pensaría que no hay abundancia. Este es un lenguaje muy básico donde mi resonancia es corta: solo puedo entender la abundancia como dígitos y billetes. Pero si amplío mi campo de resonancia y entiendo que la abundancia son billetes y monedas, sí, pero también inversiones, rentas, estímulos fiscales y ahorros, y si descubro que la abundancia puede llegar a través del cariño, del amor, de la generosidad de otros, del bienestar, incluso de la suerte, de descuentos, promociones y pagos tempranos, entonces podré reconocer la abundancia en más formas y podré resonar con diferentes caminos que conduzcan hacia la abundancia.

Si, además de estos códigos, de estos senderos, empiezo a darme cuenta de que la abundancia está más allá de lo que veo; que abundancia hay en el amor que me dan; que abundancia es la vida en su generosísima manera de sostenernos a todos; que yo soy la abundancia; que tener vida, moverme, sonreír, disfrutar de los míos es también abundancia, podría llegar a un punto en el que ya no necesite billetes, en donde pueda reconocer que lo importante de la abundancia no son solo los códigos palpables, lo que se puede tocar, si he encontrado la esencia energética, la vibración detrás de la abundancia.

Entonces veo abundancia por todas partes y me doy cuenta de que ya soy abundante. Y los billetes llegarán como una consecuencia de la abundancia que estoy vibrando y emitiendo, como una consecuencia de la resonancia que estoy generando, porque cuando resueno con la abundancia, la abundancia maravillosamente llega a mí.

Igual nos sucede con la salud. Si tú tienes un sistema inmunitario débil, quiere decir que estás en mayor resonancia para atraer una serie de enfermedades. Si alguien cuenta con uno muy fuerte, significa que tiene una menor resonancia para atraer enfermedades.

Cuando estás triste, tu sistema inmunológico baja; tienes más resonancia para enfermar. Cuando estás contento o alegre, tu sistema sube; por tanto, tu resonancia para enfermar es mucho menor. No captas el virus o la bacteria, porque tu vibración elevada está subiendo, tu sistema inmunitario está subiendo y te impide, por vibración, conectarte con la enfermedad.

Imagina a alguien con una resonancia muy alta para la salud, que es alegre, dichoso, festivo, agradecido. Su sistema inmunitario recibe constantemente muestras de cariño y su producción de endorfinas es elevada, su timo está al máximo. Esa persona va a resonar mucho más con la salud y a tener poca posibilidad de enfermarse. Para algunos será suerte, para otros simple casualidad; pero tú, que ahora entiendes, sabes que la respuesta es resonancia.

Voy a darte un par de ejemplos para que te quede más claro. Imagina a una persona que tiene mucha resonancia con la belleza. Es una mujer que aprecia y cuida su cuerpo, su parte externa, pero también sus emociones, que es bella tanto exterior como interiormente, y se reúne con un grupo de amigas para hacer un viaje. Salen muy temprano, tanto que no les da tiempo de maquillarse ni de ponerse nada en particular. Por azares de la vida, tienen que ir directo a una junta de trabajo y están en un taxi, donde hay una cinta amarilla. Todas la ven, pero solo aquella que está en resonancia con la belleza toma la cinta amarilla. Cuando se baja del taxi, simplemente se lava la cara y se anuda el cabello de una forma muy bonita con dicha cinta. Se ve bella.

La pregunta es: ¿por qué esta mujer pudo ver la cinta y utilizarla para vibrar en mayor belleza? Por resonancia, al estar en contacto con la belleza, con la salud, con la abundancia, con el amor, con el éxito, tú comienzas a ver todo a tu alrededor como señales, símbolos o potenciadores de esta energía. Si llevas belleza adentro, vas a reflejar belleza afuera. Y si la llevas adentro, vas a encontrarte con todos los elementos que favorezcan o fortalezcan tu belleza.

El otro ejemplo sería sobre alguien que está buscando una pareja, pero lo único que ve como posible pareja es a una persona con un tono de piel determinado, con una altura muy precisa, que se comporta de una manera muy particular. Entonces, va de viaje y solo está buscando ese modelo de persona. ¿Te imaginas de cuántas otras parejas posibles se está perdiendo? Se queda sin pareja porque no es capaz de abrir su campo de resonancia. Pero si amplía sus rangos de posibilidades y entiende que una buena pareja no está solo delimitada por la edad, la estatura o el color de su piel, sino que debe ser una persona amable, linda, que lo nutra, a quien pueda nutrir, que lo respete y ame, entonces amplía la resonancia y comienza a atraer y a darse cuenta de que la vida tiene buenas opciones. Incluso, quizá, personas que ya estaban en su vida, a las que no había percibido como posibles candidatas, comienzan a surgir, porque ahora puede verlo, puede atraerlo. Ya está resonando.

Una manera muy simple de entenderlo es como si alguien que vende zapatos se limita a la resonancia de únicamente vender zapatos, pero si hay una crisis o una circunstancia difícil, la cantidad de calzado que puede vender baja. Entonces tiene dos opciones: mantenerse cerrado energéticamente a la idea de solo vender zapatos o abrirse a vender chanclas, agujetas, calcetines, tenis. Al abrir sus opciones abre su resonancia, de tal forma que el universo va a responderle de mejor manera, dándole nuevas opciones. Por eso quiero que te preguntes si tú estás abriendo tu resonancia; hasta entonces empezará a ampliarse tu campo de resonancia.

Hay una fórmula especial que yo aplico muy a menudo cuando quiero algo. Expreso mi deseo tal como lo siento desde mi corazón, pero después completo la frase diciendo: "Y me abro al mejor plan que el universo tenga para mí". Desde esta expresión muy mía que pongo a tu servicio, yo estoy diciéndole al universo: "Abro la resonancia hasta donde yo soy consciente, pero si hay algo mejor para mí, algo que la sabiduría quiera emitirme que yo no he reconocido o no sé pedir, estoy dispuesto a recibirlo".

Si yo me abro a las posibilidades, permito que más energía encuentre resonancia y habrá más facilidad para atraer lo que yo quiero.

Si dejamos que el universo actúe, salimos del egoísmo, de la sensación limitante, y entramos en la unidad del principio de resonancia. Observa cómo todos los principios universales van conectándose: si entendemos que somos parte de una Gran Red, estamos entendiendo el principio de unicidad: si sabemos que podemos influir y generar dentro de la Gran Red, estamos centrados en el principio de generación, y si consideramos la opción de atraer los mejores recursos de la red a nuestro servicio como un imán, estamos en el principio de resonancia.

Ahora me gustaría que te tomaras unos minutos para preguntarte: ¿con qué estás resonando ahora? ¿Qué estás pensando? ¿Qué estás sintiendo?

Eso que tú estás pensando está emitiendo una energía a la Gran Red y está atrayendo cosas similares a tu pensamiento; si estás pensando en bebés, comenzarás a ver bebés por todos lados. Si estás pensando en hacer un viaje a la playa, comenzarás a ver símbolos y señales dondequiera que tú vayas. Si estás pensando en la crisis, hallarás más crisis que se acrecentarán una y otra vez. Si estás pensando en la paz, en la espiritualidad y la trascendencia, el universo te mostrará caminos para poder encontrarla.

Estas tres preguntas son fundamentales: ¿con qué estoy resonando ahora? ¿Qué estoy pensando? ¿Qué estoy sintiendo?

Si la vida no te está trayendo lo que tú quieres que te traiga, quizá sea momento de aplicar este principio y resonar con algo nuevo.

Dentro del conocimiento trascendental hay una idea que afirma que todo proviene del amor o del miedo. Yo puedo buscar una casa por amor a vivir feliz con mi familia o por miedo a no tener un patrimonio. Puedo acercarme a una pareja por temor a quedarme solo o por amor a compartir mi vida con alguien valioso. Podemos hacer ejercicio por miedo a engordar o por amor a tener un cuerpo sano. Podemos ir a trabajar por miedo a perder el sustento o por amor a realizarnos y progresar.

Tenemos que estar siempre conscientes de aquello que estamos generando. Si en el centro de nuestra intención hay amor, vamos a resonar con el amor en todas sus formas, pero si hay miedo, entonces vamos a atraer el miedo en sus diferentes maneras. Es muy importante que te hagas consciente y te observes a ti mismo; es un proceso lento pero muy valioso que aprendas a ser honesto contigo mismo y te preguntes: ¿realmente por qué estoy haciendo esto? ¿Qué energía interior me está motivando para hacer esto? Imagina que el amor o el miedo son el punto central a partir del cual tú vibras; esa vibración va a generar una resonancia y vas a atraer lo que está en el fondo de tu corazón. No lo que digan tus palabras, no lo que parezcan reflejar tus actos, sino lo que estás emitiendo desde el fondo de tu ser.

La energía que emites influye en un sistema completo; cuando vibras con una determinada frecuencia, atraes o amplificas la información y resuenas con aquello que está en sintonía con tu deseo. Tu campo energético habita en cada pensamiento, en cada emoción, en cada idea, conducta u omisión que llevas a cabo, y este campo energético sale de ti e influye en la realidad de los que te rodean y en la vida que experimentas.

Mientras tú estás leyendo mis palabras, quizá puedas percibir la energía que ellas emiten, las vibraciones, las emociones y la consciencia que están ahí cuando yo escribo. Quizás incluso puedas sentir la intención amorosa y el deseo de acompañarte que hay detrás de ellas. Cuanto más resonancia generas con mis palabras, cuanto más sentido te hacen, cuanto más las aceptas en tu interior, más fuerte es el impacto que ellas generan en tu vida.

Es muy importante tener en cuenta que nuestro campo energético, que va a determinar nuestra resonancia y también nuestra capacidad de generación en la Gran Red, tiene tres elementos fundamentales:

1. Las emociones que sentimos. Recuerda mantener lo más que puedas tu emoción centrada en el amor.

2. Nuestro nivel mental. Nuestros pensamientos sostienen la información que recibimos del mundo y que le damos a él.
3. Nuestra energía espiritual y trascendente.

Estos tres grandes focos están emitiendo energía de forma simultánea. Si logras alinearlos y hacerlos coherentes, tu energía se amplificará infinitamente y podrás resonar, atraer y generar todo.

Con esta información, vuelvo a invitarte a que te preguntes: ¿cuál es el campo de energía que estoy generando ahora mismo? ¿Mis emociones, mi estado mental y mi energía espiritual están alineados en el mismo objetivo? ¿Estoy realmente consciente y cómodo con lo que estoy atrayendo a mi vida? Si no es así, ¿qué cambios me tocaría hacer para poder resonar con lo que verdaderamente quiero?

Ahora mismo, mientras tú estás leyendo, aunque estemos separados por la distancia física, estamos conectados por la red de la unicidad, y si tú estás leyendo esto, es porque algo en ti y algo en mí resuena. Deseo que este libro y mis palabras puedan aportar bien y luz a tu vida.

Práctica para observar la resonancia

Durante el día, a diferentes horas, te sugiero que te hagas estas preguntas y que aprendas a reconocerte.

1. ¿Qué está emitiendo mi cuerpo? ¿Qué está emitiendo mi voz? ¿Qué tipo de cara estoy dándole al mundo? ¿Mis conductas son amables o agresivas?
2. ¿En qué estado mental me encuentro ahora? ¿Tengo pensamientos positivos o negativos? ¿Estoy obsesionado con una idea tóxica o estoy abierto y receptivo a la creatividad y a las cosas buenas que la vida da?

3. ¿Qué emociones estoy sintiendo ahora mismo? ¿Mis emociones son abiertas, claras y luminosas? ¿Estoy centrado en el amor? ¿Para qué estoy viviendo estas emociones ahora? ¿Son las emociones que me ayudan a experimentar de la mejor manera este momento?

4. A nivel trascendental, en un nivel superior, ¿estoy realmente en paz conmigo mismo, con el entorno, con la vida? ¿Me siento presente aquí y ahora?

Cuando te haces estas preguntas y te revisas, poco a poco irás teniendo más consciencia de ti. Con el paso del tiempo irás dirigiendo las emisiones que le das a la vida y podrás responsabilizarte de que tu emisión es generación, que aquello que tú estás pulsando y vibrando desde tus emociones, tus pensamientos, genera una resonancia cada vez.

Deseo para ti que la resonancia sea más positiva.

Estas leyes te enseñarán, querido lector, que la vida está generándose a partir de lo que tú estás haciendo desde tu interior.

Te sugiero realizar este ejercicio en diferentes momentos del día; que no te prepares para hacerlo, sino que surja de manera espontánea porque así te darás cuenta de cómo en diferentes momentos, de diferentes maneras, en distintas circunstancias, tu resonancia cambia. Aprender a mantener una resonancia armónica, positiva y constructiva es una gran labor, es ardua, requiere mucha consciencia y compromiso, pero los resultados son extraordinarios, porque cuando logras mantener tu resonancia centrada en lo positivo, en lo luminoso, en lo benéfico, te darás cuenta de cómo la vida comienza a reflejar esa luz preciosa que hay en ti.

También debes tener cuidado con la resonancia negativa cuando entras en la queja, en el rol de víctima, pensando: "¡Qué difícil es la vida!", "¡Qué cansado es este trabajo!", "¡Todo me sale mal!".

Ley universal III: Principio de resonancia 87

También estás resonando con eso y conseguirás más cansancio, más dificultad y más experiencias desagradables.

Resonar es una predisposición magnética que genera un estado de atracción hacia un punto focal. Tienes que imaginarte como un gran imán que, cuando resuena, emite primero una carga y luego atrae todas las cargas similares. Si hay muchas resonancias, algunas positivas y otras negativas, la información va a traer un poco de positivo y un poco de negativo.

Cuando en tu centro, en tu punto focal, esté colocado el amor y tus pensamientos vibren en afinidad, de manera positiva y constructiva; cuando tu energía espiritual se alinee con el bien mayor y tu cuerpo refleje en sus comportamientos toda esta coherencia, entonces podrás atraer a tu vida todo lo bello y lo bueno que quieres.

Recuerda que tus actos están produciendo frecuencias: las emociones, los pensamientos, las omisiones, todo aquello que está ocurriendo, no solamente lo que se ve sino también aquello que no se ve. Por tanto, hazte responsable, consciente del imán que tú eres y cuida bien lo que estás emitiendo a la vida. De lo que tú emitas, en gran medida dependerá lo que tú atraigas.

Ahora voy a enseñarte cómo generar una práctica de resonancia positiva. Hay cuatro elementos esenciales que tienes que considerar para que el resultado sea óptimo; si aprendes a aplicarlos bien, descubrirás cómo eres capaz de atraer lo que es más útil y más bonito a tu vida y a tu historia personal. Estos cuatro elementos son los pensamientos, las emociones, la intención que tú tienes y la gratitud.

Vamos a imaginar que estás viviendo una situación negativa y que tu pensamiento, por tanto, es negativo también. Por ejemplo, no hay trabajo. Lo que tienes que hacer es empezar a hacer una transición del pensamiento. En lugar de decir: "no hay trabajo" puedes comenzar a abrir la posibilidad de: "hay personas preparadas o suertudas (como lo quieras llamar) que sí tienen trabajo en este momento" y de "hay muchas oportunidades nuevas"; "hay mercados completos que están generando opciones que antes no había". O puedes decir: "aunque quizá (y en ese 'aunque' estás colocando una posibilidad de resonancia) sea difícil encontrar trabajo, las personas emprendedoras, conectadas y abiertas siempre conseguimos empleo".

Es importante que no brinques de un pensamiento totalmente negativo a un pensamiento positivo, sino que busques un pensamiento intermedio, una posibilidad.

Un segundo ejemplo sería: "es que nunca me voy a casar, porque ya tengo cuarenta años" y podrías cambiarlo por el tipo de pensamiento de: "algunas mujeres o algunos hombres se casan después de los cuarenta" y de: "hay personas que incluso se casan después de los cincuenta, de los sesenta, de los setenta años". Esto va a ir abriendo tu pensamiento.

El segundo paso es tu emoción. Debes buscar en ti una emoción que te lleve a conectar con ese trabajo, que te lleve a creer que es posible. Una emoción que sea gozosa, amorosa, alegre, armónica. Quizás alguna que simbolice un trabajo que es pleno, satisfactorio y feliz. Si tus emociones son del tipo de la angustia, de la preocupación y del miedo, la resonancia va a chocar entre una buena intención de tu mente y una nociva emoción de tu interior. Por eso es muy importante que te encargues de que las emociones sean tan positivas y tan reales como puedas sentirlas dentro de ti.

Tercero, tu intención de encontrar trabajo debe estar dirigida hacia algo bueno, útil y constructivo. Encontrar un trabajo que te permita disfrutar de la vida. Un trabajo que te permita realizarte como persona. Un trabajo donde puedas cubrir todas tus necesidades y deseos.

Cuarto, finalmente también es importante agradecer. Agradecer por ese trabajo como si ya estuviera ocurriendo. Agradecer por tu capacidad de conseguirlo, agradecer por la vida. Cuando nosotros agregamos gratitud al pensamiento, a la emoción y a la intención, los hacemos mucho más fuertes.

Recuerda como regla de oro que tu pensamiento debe estar siempre enfocado en lo que sí quieres que ocurra. Tus emociones tienen que estar centradas en lo positivo, y para eso requieres un entrenamiento. Algunas veces las emociones se van a lo negativo y los pensamientos se pierden, pero es tu responsabilidad actuar con consciencia, atención y disciplina para recolocar tu pensamiento hacia lo que quieres obtener, y dirigir de una manera muy certera tu emoción hacia aquello que es positivo y bueno para tu alma.

Para ahondar un poco más en este punto, hay que entender qué es la intención; de hecho, hacer intención es parte de los principios universales. La intención es el punto desde el cual actúas, donde tu energía surge adentro de ti.

La intención marca el sentido profundo que tú le das a tu acción; la intención es el propósito profundo, auténtico y verdadero que desde tu alma generas para que las cosas ocurran. Muchas veces la intención determina el resultado. Cuando tú das dinero desde la intención de lástima, ese dinero dará un resultado totalmente diferente a que si tú lo das desde el respeto y la gratitud.

Cuando tú dices "te amo" desde una intención vacía, el "te amo" está hueco, completamente carente. Pero cuando dices "te amo" desde una intención plena y llena, amorosa y completa, eso tiene un valor que todos podemos percibir. Es una fuerza y una carga que se deriva no solo de las palabras, sino de la fuerza de la intención, desde el lugar de donde surgen dentro de ti.

Para puntualizar y hacer más amplio el cuarto elemento, la gratitud, entendamos que esta expande la energía. Cuando tú agradeces, todo se te facilitará. Agradecer a los demás por lo que nos dan;

agradecer a la vida que tenemos cada día, a nuestro cuerpo; agradecer la creatividad; agradecer a nuestros mentores y maestros; agradecer lo sencillo y lo grande eleva la frecuencia de nuestra vibración. Cuanto más elevada sea esta frecuencia, mayor será la posibilidad de generar, sentirnos en la unicidad y resonar con mucha mayor precisión en aquello que queremos ver manifestado.

Para que queden bien entendidos estos cuatro pasos de generar resonancia positiva, quiero poner como ejemplo este libro.

El pensamiento a partir del cual surgió es que las leyes universales pueden ayudarnos a todos, que las leyes universales bien aplicadas son útiles para la vida, que nos ayudan a mejorar y crecer, a transformarnos y, al transformarnos, a mejorarnos y mejorar a quienes amamos.

Respecto de la segunda parte, la emoción, este libro proviene de una emoción de cariño, de amor, de un deseo de bien, de una sensación que se emite en mi interior cuando enseño, que me llena la vida, que me hace sentir una inmensa dicha y felicidad; viene de una emoción generosa de compartir completo lo que sé y lo que puedo experimentar.

En cuanto a la intención, el propósito profundo es que aprendan, que aprendan mucho y que aquello que aprendan lo hagan parte de su historia, que lo hagan parte de ustedes, que lo apliquen.

El propósito fundamental para el cual este libro está escrito es que te sirva a ti día a día para que puedas comprender y aplicar estas leyes y, entonces, permitir que lo mejor que ya eres se exprese, se manifieste y que ocurran muchas cosas buenas.

Finalmente, mi gratitud va hacia todos ustedes que están leyendo, que permiten que la resonancia de mis palabras les toque, que la generación de mis pensamientos les inunde, que la red de unicidad perfecta nos conecte más allá del tiempo y el espacio.

Recuerda que todo es un proceso y que, para hacer que esto funcione y se vuelva una herramienta tremendamente útil en nuestro día a día, tenemos que aplicarlo, practicarlo, formar un hábito. Quizás algo que te ayude mucho a poder interiorizarlo es que recuerdes las cuatro palabras clave para generar una resonancia positiva: pensamiento, emoción, intención y gratitud. Todo es parte de un proceso. Te toca observarte mucho, preguntarte constantemente: ¿qué estás vibrando? ¿Cómo estás vibrando? ¿Qué estás haciendo? Y a partir de eso poder alinear tu pensamiento centrado en lo que sí quieres que ocurra con tu emoción basada en el amor, con una intención de bien mayor, con el objetivo claro desde dónde lo estás haciendo y para qué lo estás haciendo, y agradecer mucho, agradecer siempre.

Vamos a darnos cuenta: una práctica de resonancia cotidiana

Piensa en qué respondes cuando te preguntan: ¿quieres abundancia? ¿Cuánta abundancia quieres? ¿Eres abundante? Observa cómo te hacen sentir estas preguntas y cuáles serían tus respuestas. "Pues con un poquito que la vida me dé", "Nomás para ir pasándola", "Solo un poco". Estas respuestas están generando una resonancia limitada. Estás diciéndole a la abundancia: "Sí, pero no demasiado"; y la abundancia es abundante, no carente. Si tú limitas la abundancia, si tú bloqueas o detienes la abundancia, estás mandando resonancias opuestas, generando conflicto en realidad. Por eso la respuesta correcta es: "Acepto la abundancia en abundancia, plenamente".

Del mismo modo, cuando te preguntan: ¿quieres estar sano? ¿Qué tan sano quieres vivir? La respuesta puede ser: "Nomás con que no me duela"; y eso que contestaste está limitando la abundancia. Ahora, amplía estas preguntas. ¿Qué pasa cuando te preguntan si eres merecedor de amor? ¿Si tienes ganas de compartir una vida feliz? ¿Si crees en la plenitud, si puedes sentirte en una dicha absoluta? ¿Si eres capaz, digno o merecedor de vivir en paz? Observa tus respuestas y date cuenta. Toma consciencia de que tus respuestas a la vida, aun cuando no sean a las personas, están emitiendo energía e información.

La resonancia tiene que ser coherente y auténtica. Tú no puedes fingir la gratitud; debe ser un acto verdadero dentro de ti. Cuando dices: "Agradezco lo que la vida me da", debes vibrar ese agradecimiento. "Agradezco a mi familia y a la gente que me acompaña", debes sentir amor y pensar en lo bueno que es que estas personas te rodeen. "Agradezco la abundancia que llega a mí"; tienes que sentir que no estás peleado con la abundancia, sino que la recibes con pensamientos, emociones, energía e intenciones que van todas de la mano para poder decir "gracias".

Si tú finges, si actúas de dientes para afuera, si solo representas un personaje, el universo va a resonar con lo que llevas dentro y no con lo que parece superficialmente. Si tú finges que alguien te cae bien, pero en realidad estás resentido, esa persona va a resonar con tu resentimiento, no te va a creer que te cae bien y va a ser hipócrita, igual que tú. Tenemos que aprender a saber ser auténticos en la resonancia, generar desde el fondo de nuestro corazón.

Lo importante ahora es que sepas que, si tú aprendes este proceso, si lo vuelves parte de ti, si lo repites, entonces podrás empezar a expresar consistentemente resonancias muy poderosas. Si comienzas a sentir gratitud desde la emoción, a pensar en lo positivo que la gratitud trae a tu vida, si tu intención es decirle al universo "gracias", entonces comenzarás a experimentar cuántas cosas buenas llegan a ti, solo por resonancia. Aprende a mirar al mundo como un espacio lleno de posibilidades; aprende a sentir que todo es posible, alcanzable y realizable.

Por todo esto, ahora podemos entender que el principio de unicidad nos hace saber que somos parte de un todo; con el principio de generación podemos influir y generar algo en este todo; en el principio de resonancia descubrimos que podemos atraer y vibrar en armonía con lo que queremos ver manifestado en nuestra vida.

Muy importante es que aprendas a centrar tu energía, a colocarte en un estado de claridad y a potenciar toda esta energía para la manifestación de lo que quieres ver. Esto lo aprenderemos más adelante, en los próximos capítulos.

También descubriremos cómo colocar nuestra energía, como centrarnos para que entonces nuestras posibilidades de generar y resonar sean dirigidas, para que seamos como un barco en el inmenso mar, eligiendo nuestra ruta, nuestro destino.

Afirmación de este capítulo

Es un gusto para mí poder compartirte estas afirmaciones que pueden ayudarte en el proceso de mejorar tu vida.

—Mi cuerpo expresa la paz que hay en mi corazón. Yo confío.

—Mi mente refleja la luz de mi espíritu. Tengo certeza.

—Mis pensamientos y mis emociones cooperan en orden. Soy coherente.

—Todo mi ser fluye a la perfección. Soy agradecido.

Si lo que quieres que pase es poco común o difícil de encontrar, debes empezar a confiar en que tú puedes crear un nuevo campo; debes saber que nada es imposible. Imposible es solamente una palabra.

Imposible es una palabra del mundo de lo racional, de lo humano y de lo superfluo. Para el universo no hay imposibles. La posibilidad de que estemos vivos; la posibilidad de que el espermatozoide correcto haya llegado al óvulo; la posibilidad de que tus abuelos se hayan encontrado; la posibilidad de que tu mamá, entre tantas historias, haya elegido estar con tu papá; la posibilidad de que hoy tú estés aquí leyendo este libro; la posibilidad de que un meteorito no le haya pegado a la Tierra y la vida haya podido seguir; la posibilidad de la distancia perfecta de la Luna; la posibilidad de que la Tierra esté a una distancia tan precisa del Sol, lo cual permite la vida, podrían considerarse simplemente inexistentes.

Todo eso es imposible y, sin embargo, aquí estamos.

Imposible es una idea de la mente limitada en la que nos hemos metido todos. Si algún día revisáramos la posibilidad que tendríamos como humanidad de seguir vivos, nos sorprenderíamos, porque somos una expresión directa de lo imposible.

¿Sabías que si la temperatura de tu madre hubiese variado algunos cuantos grados no estarías aquí? ¡La vida es increíble, y yo estoy feliz de pensar que hay muchas cosas imposibles para la razón, pero no para la creación!

Aunque algo sea muy poco común, es siempre posible y alcanzable. Si tú te mantienes en un estado mental de apertura, la posibilidad llegará a tu vida y los milagros se verán reflejados.

Estás aprendiendo leyes universales; estás saliendo de la caja de lo automático; estás entrando en el mundo de la unicidad, aprendiendo la generación y la resonancia.

Recuerda que un principio que debe acompañarte en la vida es: "Ábrete a la posibilidad". No le cierres al universo las oportunidades. Quizá no entiendas muy bien cómo se hace, pero por ahora no pongas límites a todo lo bueno que puede llegar. Siempre confía en que el universo tiene caminos que, aunque parezcan imposibles para la mente, pueden ocurrir para tu mayor bien.

Si lo que deseas es escaso, no te desanimes, porque poco a poco, al ir buscándolo, vas a generar la posibilidad y a resonar con aquellas cosas maravillosas que te acompañarán a encontrar tu objetivo.

Lo que nos ocurre con lo escaso es que tenemos que ser más pacientes y más firmes, más atentos y con unas intenciones muy fuertes. Si hay una posibilidad de que eso ocurra, ¿por qué no podría ocurrirte a ti?

A modo de conclusión, voy a contarte una historia:

Tuve un maestro en la secundaria, a quien siento que le debo mucho. Él me daba clases de español en un colegio en la Ciudad de México, y era el único entre mis profesores que aceptaba y comprendía lo que para los demás eran mis "rarezas".

Yo no le había platicado a nadie que tenía el don de la videncia. Ya tenía bastante con el hecho de estar en plena pubertad, envuelto en un completo caos y sin poder controlar este don mío de la visión. Un día, este maestro me dijo: "Me da la impresión de que te sientes muy solo. ¿Es así?". A partir de allí fui abriéndome a conversar con él, y así fue como este hombre, que empezó siendo mi profesor de lengua, se convirtió en mi confidente y mentor espiritual.

Le conté que tenía la facultad de ver cosas y él me ayudó a comprender muchas más acerca de este don y de mí mismo. Fue uno de los pocos adultos que en verdad me escuchó y entendió. Quiero compartir contigo su historia para honrar lo mucho que este gran hombre hizo por mí. Las cosas que expresaré sobre él las contaré desde el mayor de los respetos.

Mi profesor nació en Oaxaca, en una comunidad indígena bastante pobre. Su padre también era maestro rural en el México de hace noventa años. De pequeño padeció polio, lo que le causó severas atrofias en sus extremidades inferiores. Tenía las piernitas cortitas y los doctores le dijeron que nunca iba a caminar y que toda su vida sería un inválido, enfermo y marginado.

El papá de mi maestro era un hombre implacable. Debido a las deformaciones ocasionadas por la polio, mi profesor tenía severas dificultades motoras; por eso, cuando de niño le pedía a su padre que lo ayudara a desplazarse, el hombre le decía con dureza: "¡Arrástrate!".

—Por favor, papá, ayúdame a subir a la cama.

—¡Arrástrate!

—Papá, quiero salir.

—¡Arrástrate!

El señor era duro y para mi maestro la infancia fue una etapa muy dolorosa en lo físico, pero más aún en lo emocional. Asistía a la escuela rural y tenía que irse arrastrando solo a todas partes. Sin dispositivos médicos apropiados, movilizarse de esa manera no solo era difícil y vergonzoso, sino que además le trajo como consecuencia un desarrollo excesivo de su espalda y sus manos; esto contribuía aún más a su impresionante aspecto.

Un día me contó en confianza que, cuando llegó a adulto, en su pueblo no había muchas oportunidades para prosperar; a lo más que se podía aspirar era a ser maestro normalista. Para lograrlo debía estudiar para formarse como docente rural. Eso hizo su padre y eso fue a lo que mi maestro se dedicó también.

Tras acabar la escuela con sumo sacrificio y obtener su título de maestro rural, llegó arrastrándose ante su papá y le mostró el diploma.

—Mira, a pesar de ti, soy un maestro rural —le dijo.

Entonces, el padre le respondió:

—No a pesar de mí, sino gracias a mí. ¡Arrástrate!

—¿Por qué sigues siendo tan duro? —le preguntó mi maestro.

—Si yo te hubiera llevado en brazos un solo día, si te hubiese cargado, tú no habrías llegado aquí. Porque te arrastraste fue que llegaste hasta aquí —le respondió él.

La historia es que mi maestro, a rastras, arribó a la Ciudad de México y obtuvo una plaza de docente.

—¿Por qué no caminas? —le preguntaron alguna vez.

—Pues, porque tengo polio —respondió él, mirando sus piernas chiquitas—. Y porque toda la vida me he arrastrado.

—¿Y nunca has intentado caminar? —le insistieron.

—No, solo sé arrastrarme —dijo mi maestro.

—¿Y si aprendieras a caminar? —le cuestionaron.

Esta pregunta se quedó resonándole en la cabeza, al punto de que a los treinta años consiguió caminar apoyándose en un bastón. Mi maestro pudo al fin desplazarse con sus propias piernas. Muchas décadas después, cuando yo lo conocí, caminaba un poco chuequito, pero ya no usaba bastón. Él me apodaba "Camellito" y un día se acercó y me dijo:

—"Camellito", aunque te digan que no puedes caminar, ¡párate e inténtalo!

Hoy te repito estas palabras: "Párate e inténtalo". No sé si tardarás treinta años, pero estoy seguro de que, con dedicación y amor, podrás hacerlo.

Cuando plantas una semilla de amor, eres tú quien florece.

—MA JAYA SATI BHAGAVATI

Capítulo
4

Ley universal IV: Principio del karma

A toda acción corresponde una reacción. Todo aquello que tú haces, genera consecuencias; tomar consciencia y responsabilidad de eso nos permite evolucionar.

Karma es un principio que proviene de la tradición hinduista; la palabra viene del sánscrito y significa "acción". El principio del karma también se conoce como principio de causalidad y, aunque se escucha a muchos hablar de karma, en el fondo es poca la gente que lo entiende bien.

Hemos hecho un mal uso de esta palabra, suponiendo que karma quiere decir que, si le pegas a alguien, luego alguien va a pegarte a ti; que, si robas a alguien, luego alguien va a robarte a ti. Esto es demasiado simplista, es absurdo. El karma es un principio más complejo que vamos a descubrir en este capítulo.

Todas las cosas que nos ocurren, las experiencias luminosas, las dolorosas, las personas importantes que conocemos para crecer o para aprender de ellas, los momentos más gloriosos y los eventos que tocan nuestra alma tienen un propósito, son parte de un gran proyecto y de nosotros depende si cooperamos, si fluimos, si aprendemos y trascendemos los desafíos o si simplemente somos arrastrados a las circunstancias que atravesamos.

Hay que hacernos conscientes de que estamos aquí por una razón y de que las cosas que estamos viviendo, difíciles o fáciles, complejas o sencillas, tienen un propósito: enseñarnos algo para que podamos aprender.

Debemos dejar esa idea tan básica, simple e incompleta de que el karma es solamente las cosas malas que te pasan o la respuesta idéntica a las cosas que tú hiciste (te engañaron porque engañaste, estás sufriendo porque hiciste sufrir a alguien más), y abrirnos a entender que el karma es mucho más vasto, mucho más complejo y profundamente significativo para nuestra vida.

Toda acción es karma. Tomar el desayuno genera karma, no tomarlo también genera karma, desear desayunar es karma, pensar en el desayuno es karma. Toda acción conlleva una energía; por tanto, todo lo que vivimos, todo lo que ejecutemos, va a generar un efecto, y ese efecto es el karma.

Entonces, si haces algo produces un karma, pero si no lo haces también produces un karma. Si tienes la intención o el deseo pero no lo llevas a cabo, estás emitiendo un karma. Si haces una buena acción, si ayudas, si tienes una intención de amor, también estás generando un karma. Si tienes ganas de ayudar, esa intención genera un karma, pero si además de tener ganas ayudas, cuidas, proteges, entonces el karma se amplifica.

Voy a ponerte un ejemplo. Imagina que encuentras una plantita abandonada en la calle; tu deseo de ayudar genera un karma. Pero no te quedas solo en el deseo simple: vas por la plantita, la rescatas y entonces generas el karma del deseo más el karma del rescate. Luego llevas esa plantita a casa y la siembras con mucho cariño; generas más karma positivo. Después cuidas la plantita, la vas regando, la acercas al sol y te encargas de que crezca. Así como la planta va a crecer y a expandirse, así el karma, por la suma de buenos actos, va a expandirse en tu vida. Desde la intención hasta la acción, el sostén, el cuidado, la idea y el deseo, todo aquello que emitimos está pulsando una energía y el karma es el efecto de todas esas energías que tú estás generando.

Por tanto, absolutamente todo lo que vivimos produce un efecto energético, y este efecto energético es el karma. La cantidad de energía que producimos va a generar una cantidad de karma; entonces, si tú tienes deseo, intención, acción, propósito, sentido, vas haciendo más amplio tu karma.

Es importante que entendamos que los deseos, las intenciones y los propósitos pueden generar tanto o más karma que la acción. Un médico que opera con la intención de salvar a un paciente, pero comete un error y el paciente muere, tiene un karma por su deseo de ayudarlo y otro por su acción imprudente de matarlo. Ambas cosas generan karma.

Ahora me gustaría que te preguntaras lo que estás haciendo en la vida, tu labor cotidiana, si a lo que tú te dedicas está emitiendo una energía. Si cuidas o proteges la vida, hay un karma. Si destruyes la naturaleza para construir una carretera, hay un karma. Si no haces nada por mejorar el estado de las personas que trabajan contigo, tienes un karma. Si defiendes y creas un sindicato para apoyarlos, hay un karma. Si en ese sindicato te lucras con el dinero de los trabajadores y haces mal uso de él, hay un karma. Hay el karma de la buena intención y el karma del abuso. Con esto quiero dejarte claro que todo lo que estamos emitiendo (acciones, emociones, pensamientos y deseos) está generando energía, y esa energía tendrá un efecto, al que llamamos karma.

Algo que me gustaría compartir contigo es que yo no aprendí las leyes universales solamente de los libros o de la indagación independiente. Estando en la India fue como descubrí el karma. Estar ahí en su cuna, desde el lugar donde la filosofía del karma se generó, me permitió tomar un enfoque precioso. Descubrí, por ejemplo, que las personas en ese país aceptan que hay diferentes niveles de evolución y diferentes karma.

Un *swami*, un maestro de la India, me dijo: "Si una persona está buscando la verdad consistentemente y no la encuentra, tiene un mérito por su búsqueda, por su deseo de hallarla. Si una persona no está buscando la verdad y la encuentra, tiene el mérito de haberla hallado. Pero cuando una persona está buscando la verdad y la encuentra, tiene el mérito de la búsqueda y el mérito del encuentro. De las tres personas, ¿quién tiene más y mejor karma? La respuesta es: la tercera, porque la buscó y la encontró. Pero, ¿quién tiene más karma entre el que la encontró y el que la buscó? La respuesta es: aquel que la buscó con un deseo profundo tiene mejor karma que quien solo por casualidad la encontró".

Cuando tengo el recuerdo de esa experiencia pienso en una montaña muy sagrada, Arunachala. Este lugar fue un parteaguas en mi vida, porque pude comprender el sentido profundo del *dharma* y el karma. En este viaje del alma infinita, ahí, entre los espacios más profundos de la India rural, conocí a una presencia iluminada que me mostró el camino para el despertar.

Hoy, cuando escribo este libro, sé, según la tradición hindú, que este gran santo tiene hoy un karma más a su favor, porque me inspiró. La enseñanza que él dejó en mí está llegando a ustedes a través de este libro.

Cada persona que se hace consciente del karma y mejora su vida está sumando un mérito a aquella persona preciosa que descubrí debajo de un árbol, en esa India absolutamente fascinante y encantadora.

En el mundo occidental en el que vivimos, rodeados de tanto cemento y de tan poca filosofía, miramos la vida en un sentido muy plano, muy inmediato. Estamos acostumbrados a ofendernos porque tuvimos una mala experiencia, a frustrarnos porque algo no salió como queríamos, a llenarnos de rabia porque hay una circunstancia difícil que se nos cruza en el camino, a sentirnos profundamente lastimados cuando nuestros planes no se concretan tal como los hemos soñado. Nosotros pensamos que hay una injusticia detrás, que simplemente el universo amaneció de malas y quiso herirnos, quiso hacernos daño. Sin embargo, cuando entendemos la ley del karma, nos hacemos conscientes de que lo que está ocurriendo quizá sea el efecto de algo que nosotros habíamos sembrado con anterioridad. Tal vez esta acción que tú ves como mala no sea sino un regalo, algo muy bueno que te viene más adelante. O, probablemente, esta circunstancia adversa es el efecto de las semillas que tú sembraste.

Pero, por favor, date cuenta de que las muchas bendiciones que te rodean son en parte un karma; que la familia linda que ahora tienes es el karma de haber cuidado de ella, de haber estado presente, de haber dado lo mejor de ti. Que quizás el éxito profesional del que gozas sea el efecto de haber sembrado muchas tardes de estudio, de dedicación, de pasión, de entrega completa a tu trabajo.

El karma erradica la idea de suerte, porque nos vuelve responsables de entender que lo bueno y lo malo que estamos viviendo quizá son efectos de causas que sembramos, de intenciones y propósitos, de acciones y tomas de consciencia que vivimos en el pasado.

Imagina que tú piensas que no tienes una pareja porque el universo es muy malo, porque hay algo injusto que está ocurriendo para ti, sobre ti, contra ti. Ahora respira profundamente y revísate. Tal vez tienes mucho miedo y ese miedo a encontrar el amor siembra o genera, como consecuencia, que no llegue a ti una pareja. O quizá tienes una herida de infancia que te impide relacionarte con una pareja desde el gozo. Tal vez, de una manera consciente o inconsciente, has rechazado a muchas personas que se han acercado a ti y lo que ahora ves como una injusticia de la cual no eres responsable, esa sensación de que no hay pareja por mala suerte o por una maldición, no es sino el efecto de las causas que tú sembraste.

Sin embargo, también nos da esperanza. Si el karma nos dice que la vida está respondiendo a las intenciones, propósitos, deseos y acciones que nosotros generamos, quiere decir que, si sembramos semillas de paz, de luz y de amor, vamos a cosechar preciosos frutos que correspondan directamente a estas semillas.

Por el otro lado, imagina a una persona sumamente exitosa en su profesión, reconocida y valorada, una mujer ejecutiva muy valiosa para su organización. Desde afuera, el juicio quizá sea: "Fue suerte", "Claro, le tocó". Tal vez simplemente fue casualidad pero, en el fondo, todos quienes conocemos a una persona exitosa sabemos que el éxito se sembró muchos años atrás, quizá cuando estudiaba la secundaria, tal vez cuando en la universidad eligió una carrera compleja y aprendió a hablar dos o tres idiomas. O en las muchas mañanas que se levantó temprano para dar lo mejor de sí, en las horas de desvelo, en sus actividades extralaborales donde se forjó y se formó, en las relaciones que fue tejiendo al paso del tiempo. Y así, en lugar de ver el éxito como un producto de las circunstancias de la vida, lo entendemos como el fruto del trabajo constante.

Así, en lugar de ver las circunstancias dolorosas como mera suerte, asumimos que quizás hay una parte de nosotros que influyó en las causas que dieron como consecuencia estos efectos.

Ahora piensa: somos parte de una red, ese es el principio de unicidad; nosotros generamos intenciones, pensamientos y deseos con nuestra energía, principio de generación; podemos atraer o conectar con cosas que pueden aportarnos mayor bien en la vida, resonancia; y somos responsables de los efectos de aquello que hemos generado, y podemos generar nuevas semillas para sembrar efectos maravillosos; esto es karma.

¿Por qué no podemos comprender las leyes del karma? ¿Qué nos hace falta para poder descubrir este maravilloso principio en la cotidianidad en que vivimos?

La respuesta es simple: nos falta tiempo y consciencia. Los seres humanos contemporáneos, atrapados en la velocidad de las ciudades, tenemos una mente muy estrecha y una visión demasiado corta. Permíteme explicarte. Tú ves los eventos de una manera muy inmediata: "Me torcí el pie, qué mala suerte"; pero quizá no te detienes a observar que, antes de lastimarte fuerte el pie, dos o tres veces en la misma semana habías dado malos pasos. La vida había querido avisarte que tuvieras cuidado, que torcerte el pie no es solamente culpa de la calle, sino también es parte de tu desatención, de estar distraído, de caminar mirando el celular.

La torcedura de pie es la respuesta que da el universo a tu falta de consciencia corporal, a tu incapacidad para pisar con certeza. Y no se trata de que todo lo hagas tú, sino de que influyes emitiendo energías que dan resultados distintos. Frente a las circunstancias difíciles solemos hacer un drama y nos indignamos, porque para nosotros está siendo sumamente injusto. El detalle en realidad es que quizá no se trate de ninguna injusticia.

Pensemos en cómo vivimos la pandemia de COVID-19. Sentimos que somos los únicos a los que les ha tocado padecer una circunstancia tan terrible; olvidamos que cada generación ha vivido sus propios desafíos y que a nosotros nos tocó este; que quizás esta pandemia es la respuesta o el karma de una sensación de egoísmo, de una visión de un mundo separado y fragmentado y que apareció para recordarnos que todos somos iguales, ricos y pobres, blancos y amarillos; todos podemos morir.

Nos recordó que tenemos que hacernos responsables, que debemos cuidarnos el uno al otro, que no podíamos seguir siendo egoístas, que teníamos que sacrificar un poco de nuestro deseo personal por un bien mayor. La historia es simple; si tú entiendes que las cosas nos pasan por una razón, entonces estás despertando, estás comprendiendo que el karma es siempre un efecto. Un cuerpo bellamente definido es el efecto de horas de entrenamiento. Una persona obesa con diabetes es el efecto de malos hábitos, de problemas físicos o quizá de falta de amor propio. Un negocio exitoso es el efecto del trabajo, de la inteligencia, de la astucia, de la destreza, así que asumamos una palabra que es esencial para el karma: responsabilidad.

Los tres generadores del karma

Existen tres generadores del karma que son: la intención, la acción y la situación. Vamos a ver cómo funcionan.

Sucede que me cae mal una persona y decido hacerle daño. Hago una ensalada con aguacate en mal estado y se la doy a comer. Ese aguacate descompuesto le causa una indigestión y le toca ir al hospital. En la clínica le detectan un padecimiento grave que jamás hubiera notado de no haber asistido a revisión. Gracias a la visita al hospital, a esta persona le detectan un cáncer de hígado que puede ser tratado por estar en fase inicial. Entonces, ir a la clínica salvó la vida de esa persona. Mi intención inicial de dañarla se convirtió en su salvación. ¿Cuántos karma voy a pagar, uno o dos? En realidad son dos karma: el de haber querido hacerle daño, que va a tener su propia cuenta en el universo, y el de haberle hecho bien, aunque mi intención no era tal.

El karma es como un cuaderno de contabilidad: cada acción realizada puede ser un cargo o un abono. En la tradición hindú, a los actos que son buenos y luminosos se les llama actos *dhármicos*. En realidad existen los actos mixtos de karma, en donde una misma acción emite diferentes consecuencias. Estamos hablando del principio del karma pero, si te das cuenta, también del principio de generación, porque todo influye, todo está conectado con todo lo que pasa y eso da como consecuencia el principio de resonancia. Si entendemos que lo que ocurre está expandiéndose en la unicidad, tenemos entonces claros los cuatro primeros principios.

Ahora quiero que te des cuenta de cómo, en algunas experiencias de vida, alguien tratando de hacerte mal te ha hecho bien o alguien tratando de hacerte un bien te ha generado un conflicto. Alguna vez una persona a la que amabas te dejó, te abandonó, te lastimó y te destruyó el corazón, pero al dejarte te permitió conocer a alguien más que hizo tu vida inmensamente feliz, con quien encontraste el amor y formaste una familia. Entonces, ese daño de haberte dejado en su momento, ¿fue realmente un daño o trajo consecuencias buenas a tu vida? Quizás has escuchado de personas a las que les dan un ascenso y parece prometedor y maravilloso, hay más dinero, más abundancia y más reconocimiento, pero ese ascenso termina destruyendo su parte interior, le lleva al desorden, a la depresión, al alcoholismo, a la ruina interior. Por tanto, es muy importante que comprendas que el karma está presente siempre y que las semillas que sembramos dan múltiples frutos, que en la vida comúnmente no hay nada que sea "solo bueno" o "malo malísimo". Para ir entendiendo el karma debes cumplir una condición: hacerte responsable.

Karma es acción. En todo lo que generamos, pensamos y hacemos hay karma. La energía que se deriva de nuestros actos, pensamientos, emociones, consciencia, omisiones, labores, servicios, es karma. Todo lo que haces genera energía; cada vez que esa energía se genera, produce un estímulo y ese estímulo da una respuesta; esto es karma.

Por tanto, meditemos un poco, ¿es el karma una energía de causa o de efecto? La respuesta es contundente: de ambas. El karma es causa y efecto. El karma es una causa cuando produce un efecto y se vuelve un efecto cuando viene de una causa. Todo lo que vivimos es un círculo interminable de causas y efectos.

En una discusión que yo empiezo hay karma para mí, porque empecé el conflicto. Cuando la otra persona se suma a la discusión, hay karma para ella porque ya entró en el conflicto. Cuando yo vuelvo a la carga y lastimo a la persona, entonces el karma es para mí, pero si ella me responde de una manera violenta, también está emitiendo energía. Ir y venir. Dar y recibir. Generar efectos y recibir consecuencias. Sentir que somos causantes pero también que estamos conviviendo con un interminable flujo kármico.

Ahora te diría: "Yo reprendí a mi amigo porque algo que hizo me lastimó". ¿Cuál es la causa, que él me hirió o que yo le reclamé? Yo le reclamo como el efecto de que él me dañó. ¿Comprendes la causa y el efecto? Pero él podría decirme que me lastimó porque antes yo no le respondí el teléfono. Entonces, la causa de no tomarle la llamada generó en mi amigo el efecto de haberse enfurecido y produjo la causa de haberme lastimado, que generó en mí el efecto de reclamarle en este momento. Mi reclamo es la causa que le genera a él el efecto de hacerme daño, y él responde con una causa que me lastima a mí como efecto.

Esto es mucho más simple cuando podemos entenderlo. Debemos reconocer que todo en la vida tiene un efecto y una causa, que todo está conectado, que a una sola conducta kármica se le puede sumar otra, puede expandirse, puede multiplicarse. También podemos generar nuevas causas que apaciguan la discusión. Cuando yo pido perdón estoy cambiando el flujo del karma malo; cuando yo asumo mi responsabilidad, cuando elijo la paz en el conflicto, estoy emitiendo un nuevo karma más luminoso. Si la persona se conecta con esta intención de parar el pleito, de reconocer, de asumir y de poner en primer plano el amor, del karma destructivo de la violencia pasa a un karma virtuoso del orden, de la paz y del bien. ¿Te das cuenta de lo poderoso que es nuestro pensamiento? ¿De lo fuerte que es el principio de generación?

¿Puedes pensar en alguna circunstancia en donde estando envuelto tú en un karma destructivo y violento elegiste la paz? Y al elegir la paz generaste causas nuevas que propiciaron efectos nuevos, cambiando así el destino de un karma doloroso en un karma virtuoso en donde todos podemos crecer.

Karma es causa y efecto; a veces causa, a veces efecto. Y toda causa produce un efecto y todo efecto proviene de una causa. Déjame contarte algo: a quienes nos apasiona la historia nos cuesta mucho explicarla, porque la historia es una cadena de causas y efectos. Imagina la Primera Guerra Mundial. ¿Cuál es la causa? El asesinato del archiduque Francisco Fernando de Austria, pero, en realidad, esa muerte es el efecto de una sociedad oprimida que buscaba una manera de mostrar su dolor frente a un imperio autoritario.

También podríamos decir que esa sociedad oprimida es el efecto de muchos siglos de conflicto en esa parte del mundo, y así sucesivamente podríamos ir hacia atrás, reconociendo que cada efecto es, a su vez, una causa.

Lo mismo pasa con nuestra historia personal. Si tú estás enojado, el enojo es un efecto y una causa.

Puede ser el efecto del tráfico y el causante de una discusión familiar. ¿Te das cuenta de esto?

No existe manera de no generar energía. Si una persona se encierra y se queda callada frente a una circunstancia que le desagrada, su silencio y su encierro están emitiendo energía. ¿Has escuchado sobre la "violencia pasiva"? ¿De personas que no ofenden, no gritan, pero que lastiman con su conducta? ¿Crees que hay más karma en un grito que en una acción que daña? La respuesta es simple: todo el tiempo estamos generando karma, tanto si hacemos como si no hacemos. Pero, por favor, no te preocupes, no te obsesiones. Por el contrario, comprender el karma es entender que somos responsables de los efectos de la vida, que podemos jugar positivamente con ellos e ir sembrando una y otra vez las semillas lindas de la vida esplendorosa que queremos vivir.

Todo lo que hacemos nos genera un karma. Muchas veces pienso en mi propia historia personal, en una etapa muy difícil en la cual, sin deberla ni temerla, lo perdí todo. Cuando voy a ese momento, desde mi consciencia de entonces, lo viví como una gran injusticia, con un profundo dolor. Por conflictos entre mis padres, ajenos a mí, me quedé sin casa y sin escuela; me quedé en la calle. Sin embargo, al paso del tiempo razoné que, gracias a esa circunstancia difícil, tuve que madurar muy pronto y volverme un hombre sumamente responsable y trabajador. Antes de cumplir 21 años yo ya me mantenía; era un hombre hecho y derecho a muy temprana edad. Desde esta consciencia me doy cuenta de que, en realidad, esa circunstancia adversa trajo mucho bien a mi vida. Si mis padres hubieran actuado diferente, habrían emitido un karma distinto para mí y esto hubiera traído una vida diferente de la que tengo hoy. Ahora puedo agradecer que las cosas ocurrieron tal como fueron, porque hay mucho aprendizaje que yo tomé por las difíciles experiencias.

Creo que las cosas que nos ocurren, incluyendo las complicadas, cuando las miramos al paso del tiempo y de la consciencia, las descubrimos como actos que también trajeron sus semillas buenas. Por tanto, dejemos de tenerle miedo al karma. Todo lo que hacemos o dejemos de hacer va a generar karma, entonces nuestra atención debe enfocarse a aprender a generar buenos karmas; aquí es donde entra la consciencia y el trabajo interior. Aquí es donde el principio del karma actúa para tu beneficio y coopera con la mejor versión de ti mismo y con la vida más plena a la que puedes aspirar.

Aprendamos a generar buenos karmas

En la filosofía hinduista, al karma bueno se le llama *dharma*. Es el karma virtuoso, el karma positivo, el karma luminoso. Cuando alguien hace un acto desde el fondo del corazón, coherentemente compasivo, y ayuda a alguien más por el simple hecho de acompañar a esa persona y verla feliz, esto genera una energía maravillosa. Cuando en algún momento tú has sujetado una mano que se ha tendido para verdaderamente sostenerte en un momento de dificultad, el acto de esa persona, sin duda, ha sido anotado por el universo y volverá positivamente a ella. Hay que recordar que la energía que emitimos no es solamente lo que se ve, sino lo que pensamos y lo que sentimos, lo que estamos generando desde nuestro interior, la intención y la emisión de la energía desde el centro de cada uno.

Podríamos decir que hay cuatro tipos de karmas; esta es una de las muchas clasificaciones. Hay karmas físicos, mentales, emocionales y trascendentales.

El karma físico es fácil de ver. Según trates a tu cuerpo, hay un efecto que se reflejará tarde o temprano en la condición del mismo: si eres ordenado, si cuidas tu alimentación, si duermes las horas necesarias, si decides ejercitarte un poco cada día, si aprendes a respirar de una manera armoniosa y si lo sostienes al paso de los años, podríamos asegurar una muy buena y saludable vejez. No es casualidad; es la causalidad generada por el amor a tu cuerpo de tantos años. Si, por el contrario, duermes mal, te desvelas, eres desordenado, comes todo lo que se te antoja, no haces ejercicio, dedicas el tiempo simplemente a embriagarte, al paso del tiempo el cuerpo te cobrará la factura y no será casual que te cueste trabajo moverte, que termines con órganos desgastados; será la causalidad de cómo trataste a tu cuerpo.

Hay karmas mentales que son muy sutiles y que dependen del lugar en donde está tu pensamiento. A veces deberías preguntarte: ¿por qué me pasan estas cosas malas? Y luego ir más atrás, a recordar dónde estaba tu pensamiento en ese momento.

Recomiendo a mis alumnos que cuando se accidenten, se caigan, se corten, se quemen, se golpeen, inmediatamente revisen: "¿En qué estaba pensando? ¿En dónde estaba mi atención?".

Muchas veces descubrirás que las cosas que te están ocurriendo se vinculan con el nivel de pensamiento que estás generando, y que los efectos que ves manifestados en la vida son la respuesta a tu nivel mental.

Hay karmas emocionales que están directamente relacionados con lo que estamos sintiendo en ese momento. Si al elegir una mascota, tu sentimiento es "estoy solo y quiero compañía", el efecto que obtendrás será distinto a que si tu sentimiento fuera "quiero ayudar, darle cobijo y casa a un ser, quiero atraer a un compañero a mi vida". También será distinto a "quiero una mascota, porque en las fotos se ven muy lindas; son como pequeños muebles que tengo que alimentar y suelo traer para lucirlos ante los demás". Cada emoción, cada punto de partida, cada intención, como hablamos en el principio de resonancia, va a dar karmas distintos. Hay algo que suele ser muy revelador: observar cuáles fueron las emociones que te motivaron a relacionarte con tu pareja actual o con la última con la que estuviste. Siendo honesto, ¿cuáles fueron las emociones que te llevaron hacia él o ella? ¿Fue miedo? ¿Fue una emoción de baja autoestima que te hizo suponer que solo él o ella te harían caso? ¿Fue arrogancia, porque quisiste demostrar que podías ligarte a esa persona? ¿Fue amor profundo? ¿Un deseo de equilibrio, de armonía y de sintonía? Cuando tú lo revises te darás cuenta de que las emociones influyen en los efectos que estás generando.

Vamos a profundizar un poco.

Si yo tengo emociones de miedo y esas emociones se vuelven energía, estoy generando miedo; por resonancia estoy atrayendo miedo, y por karma el miedo va a ser el efecto que voy a encontrar. Imagina los principios universales trabajando juntos. Siento miedo, genero miedo, resueno con miedo, tengo efectos, respuestas del miedo.

Si te das cuenta, esto aplica muy comúnmente en la vida. El niño que tiene miedo de ser "buleado", que se siente débil, emite una vibración que resuena con el maltrato y con los "buleadores". Y el efecto es que comúnmente termina siendo lastimado. Es terrible.

Ahora hagamos el ejercicio de una forma positiva e inversa. Si tú tienes emociones de paz en tu corazón, si tú realmente sientes paz desde lo profundo, vas a generar una energía pacífica a tu alrededor, pero también vas a atraer espacios, libros, *podcasts,* amigos que están en paz como tú, resonando con ellos, y también los efectos en tu vida serán pacíficos y tranquilizadores. Es importante darte cuenta de que, entendiendo las leyes universales, puedes comenzar a influir en tu realidad para que ocurran las cosas que más deseas.

Los principios universales también pueden interferir si tengo una emoción de carencia, pero tengo una intención de abundancia; resueno con el miedo a perder y genero un deseo de producir. Hay tantas semillas surgiendo, que se volverá un desorden incoherente en la vida. Por un lado, la vida me dirá: "¡Gasta!"; por el otro me pedirá: "¡Ahorra!"; por otro más: "¡Invierte!"; y por un último lado dirá: "¡Disfruta!, pero cuida mucho tu dinero". Y ahí es donde nos desorientamos. Todo por no entender que las leyes deben trabajar juntas, deben alinearse, armonizarse, encontrando la sintonía y la coherencia para que el resultado sea claro y nítido.

Si tú sientes confianza en ti, emites certeza en tu capacidad, resuenas con la valoración propia, tienes como propósito encontrar la abundancia de una manera honorable y digna, todos tus sistemas trabajan en la misma dirección. Tu generación, tu resonancia y tu karma se alinean junto con el principio de unicidad para traer a ti las más lindas circunstancias, la abundancia, la valoración, el reconocimiento, la confianza y la certeza. De eso se trata aprender los principios universales, de ponerlos en práctica para el servicio de nuestro mayor bien.

El karma se da en dos niveles fundamentales: el material y el espiritual. El karma del plano material se evidencia de una manera inmediata y cotidiana. Es lo que se manifiesta cuando comes y luego te da indigestión, o cuando gastas y te excedes comprando, porque entonces tienes muchas deudas. O cuando por ejemplo levantas una casa al margen de una barranca o cerca del cauce de un río y luego, cuando llueve, se cae o se inunda. Y a veces tú te quejas por la injusticia de la vida, cuando desde el principio sabías que, si construías ahí, algo así podría ocurrirte.

Cuando tienes un pueblo incoherente, flojo, por resonancia la mayoría elige a un presidente similar. Si cuentas con una población culta y educada, por resonancia escogerá un gobernante similar. El karma es que luego el pueblo paga las consecuencias del dirigente que eligió y no es capaz de entender que en su propio interior se empezó a gestar ese tipo de gobierno.

El karma material es práctico, visible y ocurre de una forma más o menos rápida. Es instantáneo y palpable. Es el karma de lo más sencillo de la vida. Si no te pones suéter y hace frío, quizá te enfermes. Por karma o por descuido, como quieras entenderlo. Si tú no cultivas un sistema de trabajo ordenado, al final del mes tendrás mucha carga laboral y mucha presión. ¿Es el destino? ¿O fue que tú no sembraste las semillas del orden correctas y la disciplina adecuada? El ejemplo más típico es cuando la gente no se da cuenta de que ha subido quince o veinte kilos, pero es el resultado de muchos pequeños actos de los que no fue consciente y responsable. O cuando alguien tiene una deuda que ya no puede pagar; no se generó la noche anterior, sino que fue gestándose poco a poco, a veces al paso de meses o años y por actuar de una manera incorrecta.

Por otro lado, el karma espiritual o energético pertenece a un nivel totalmente distinto, mucho más elevado. Es un karma atemporal que no se ve reflejado en lo inmediato. Este karma no tiene un sentido tan directo ni una causa tan concreta. A veces podemos percibirlo como algo que no comprendemos. ¿Cómo es posible que a una persona que ha trabajado durante toda su vida, que ha sido responsable y disciplinada, no le llega la abundancia? Entonces, esa persona se pregunta: "¿Por qué me pasa esto? ¿Por qué no he tenido los resultados que yo quisiera, si he hecho todo lo necesario para que me vaya bien?". Quizá se trate de un karma espiritual porque, a veces, las cosas "difíciles" que nos suceden están mezcladas con las buenas que vendrán. Al principio es complejo entenderlo pero, si observas bien, te darás cuenta de cómo hilos de dificultad han bordado preciosas realidades de armonía y paz.

Por ejemplo, la muerte de alguien a quien que yo quería mucho es un karma práctico y físico. Estoy muy enojado porque falleció esa persona tan importante para mí, y me da mucha rabia y tristeza porque solo estoy percibiendo el dolor, pero desde la perspectiva energética hay una razón profunda para que esa persona se haya marchado. Quizá no puedo entenderla ahora, pues estoy demasiado enojado; sin embargo, esa razón existe. Y tal vez al paso de los años, o cuando me toque morir a mí mismo y entre en un estado de claridad distinto, pueda comprenderlo.

El karma espiritual no tiene una reacción pronta o inmediata, y a veces sus causas están más allá de nuestra consciencia.

Te pongo un ejemplo. Una vez tuve una paciente que no podía quedar embarazada. Estaba frustrada. Era, sin duda, una muy buena persona con un buen esposo, viviendo una buena vida e intentando concebir afanosamente, pero no lograba su objetivo.

Médicamente no existía alguna razón física para que el embarazo no se concretara. Ella era muy creyente y le rezaba a Dios; no entendía por qué dos personas buenas, que se querían tanto, que serían padres responsables, no podían engendrar un hijo. Y la mujer miraba y miraba atrás y no recordaba alguna acción que quizás hubiera cometido y le impidiera quedar embarazada.

Al paso de unas cuantas sesiones descubrimos que ella tuvo varios abortos provocados en su adolescencia. Con estas acciones de rechazo a la vida, la mujer había dicho que no quería ser madre, y está bien. No la juzgamos. Es simplemente que, sin darse cuenta, la paciente había sembrado unas cuantas semillas de rechazo a la maternidad. Luego, trabajando con su esposo, nos dimos cuenta de que muy en el fondo del corazón del hombre existía un miedo económico, un miedo a no ser capaz de ser solvente, con su trabajo, para ser padre. Ese temor era muy profundo y, aunque no lo expresaba, lo tenía en su interior. La mujer, con sus actos de abortar, y el hombre, con su miedo oculto, habían generado pequeñas semillas cuyos efectos propiciaban la dificultad para embarazarse. ¿Recuerdas la generación, la resonancia? Todo eso estaba ocurriendo para ellos.

Cuando trabajamos un poco y la señora realizó algunos rituales para sanar y dar un orden a sus hijos abortados y el hombre logró liberarse del miedo, maravillosamente y sin ningún tratamiento médico costoso, se embarazaron. Ahora tienen tres hijos. Ellos lo resolvieron porque se hicieron conscientes, porque sanaron el karma.

También es preciso mencionar que hay karmas colectivos. Los países, los grupos religiosos y los entornos étnicos los tienen. Existe una nación a la que pongo siempre como ejemplo y a la que admiro profundamente: Japón. Este país pasó de estar moral y económicamente devastado, después de perder la Segunda Guerra Mundial, a recuperarse y generar una sociedad a la que respeto mucho por su orden, disciplina y valores éticos. Japón decidió que los efectos del conflicto, las consecuencias del hambre, de la destrucción total que había sido provocada por las semillas de superioridad, de dominio, de ego y de control, cesasen. Comenzó a sembrar semillas nuevas, desde la paz, con la tecnología, el trabajo duro y la disciplina. En apenas cincuenta años, tras ser un perdedor en la guerra, igual que Alemania, pasó a convertirse en una potencia mundial. ¿Cómo lo hizo Japón? ¿Fue la suerte, la geografía? De ninguna manera; esto se logró gracias al trabajo y las semillas que se plantaron en un pueblo.

118 Ley universal IV: Principio del karma

Hay otros ejemplos de países que son muy ricos en recursos, pero muy pobres en principios y en valores, con economías quebradas y gobiernos autoritarios o débiles. ¿Es solo la suerte? Yo creo que no; es el karma y nos toca a todos nosotros aprender a pulsar, en lo individual y lo colectivo, el tipo de energía que queremos sembrar para construir los efectos kármicos que deseamos alcanzar.

Cuando hablamos de karma tenemos que erradicar la idea dual de lo positivo y lo negativo, de pensar que las cosas son simplemente buenas o simplemente malas y entender que todo está entretejido, que son efectos que van llegando a nuestras vidas. El universo no piensa de manera dual entre bueno y malo; piensa en energía, de tal manera que, al contarles sobre esta información y hacerlos responsables de su karma, ustedes pueden obsesionarse, sentirse atrapados y limitados, tomando esto que leen como algo negativo. Pero también pueden hacer uso de este libro desde una posición responsable, constructiva y creadora y entonces, desde lo más profundo de su ser, comenzar a sembrar las mejores semillas. Por tanto, al escribir todo esto confío en que, en la inmensa mayoría de los casos, generaré un karma positivo, porque estoy compartiendo una información que les ayudará a mejorar sus vidas y las de quienes los rodean. De esta manera, sembrando pequeñas semillas, obtendremos el amor.

Imagina lo decepcionante que sería para un padre saber que crió a sus hijos con una férrea educación pensando que esto era lo mejor, cuando para ellos pudo haber sido algo muy doloroso. Sin duda, el hombre sembró semillas de orden y disciplina con la mejor de sus intenciones, pero los hijos las vivieron como algo demasiado severo. ¿Cuántos karmas están jugando ahí? Sin duda, muchos positivos, porque el propósito de los papás de criar y educar es luminoso; sin embargo, el dolor de los hijos es también importante y se toma en cuenta, por lo que generará unos cuantos puntos de karma duro.

Cuando miramos nuestra historia hacia atrás, debemos tomar consciencia de las semillas que hemos ido sembrando y asumir con madurez los resultados que estas han traído a nuestras vidas.

Te comparto tres premisas que pueden ser fundamentales. Si la vida que tienes es buena, reconoce y aplaude las semillas que sembraste. Si a veces es buena y en ocasiones mala, corrige lo que está mal sembrado y planta cosas buenas. Y si la vida que tienes no te gusta ni te lleva adonde quieres ir, entonces comienza a sembrar nuevas rutas para que el camino se enderece y puedas, con el tiempo, vivir tal como tú quieres.

No basta simplemente decir que nunca más vamos a emitir karma malo; eso es imposible, pero sí evitar, en la medida de nuestra consciencia, dañar, destruir, engañar o lastimar a los demás. Es difícil saber si las acciones que hacemos pueden tener una repercusión nociva para otros, pero hasta donde nos da la consciencia y el poder personal, podemos hacer todo para generar el mayor bien a los demás. Recuerda que cuando el karma es muy bueno se llama *dharma*.

Ojalá que todos fuéramos conscientes de las semillas que vamos dejando por ahí. Algunas tienen una carga de resonancia negativa y otras positiva, pero lo más importante es que tú puedas ir plantando tantas semillas positivas que, aunque se te vayan algunas negativas en la suma, todo sea *dhármico* para ti.

Nos es mucho más fácil asumir que lastimamos, que educamos mal, que somos malos esposos, malos padres, malas madres, malas mujeres, malos hombres, porque eso es socialmente correcto, pero quizá nos cuesta mucho trabajo asumir todo lo bueno que hemos hecho en la vida.

Te propongo que, por un instante, revises las muchas buenas obras que has hecho por los demás, como dar trabajo, ser honorable, decir la verdad, haber sido muy amable con una persona que te necesitaba en ese momento, trabajar arduamente, cuidar a gente cercana a ti, haber estado cerca de tus abuelos, tratar con amor a un niño, proteger a los indefensos. Así que, por favor, no te veas desde una óptica totalmente oscura. Estoy seguro de que has empleado la mayor parte de tu energía desde un buen lugar y ha sido para algo bueno y útil.

¿Estamos condenados?

Con todo esto que has leído, sin duda quieres saber si estás condenado a ese karma malo y destructivo que quizá vives ahora, o a arrastrar las consecuencias de las malas semillas. Categóricamente te digo que no, porque te encuentras a tiempo de redimir tu karma, de reestructurarlo. Mientras haya vida podremos limpiar las semillas de forma más o menos consciente, incluso repactar, ir al banco del karma y decir: "A ver, tengo esta deuda, pero solo cuento con esto a mi favor. ¿Cómo le hacemos para pagarte en cómodas mensualidades?".

Y, de repente, el karma del mundo te responde: "Bueno, ve con cuidado, ya no te endeudes más. Sé responsable y deja de ser chismoso o metiche. Ahora mejor dedícate, quizás una vez a la semana, a pedir por el bien del planeta o a ayudar a alguien que lo necesite".

Puedes hacer un programa de pago del karma negativo pero, además, uno de inversión del positivo. Insisto, no debemos caer en la tentación de etiquetar el karma como malo o bueno; por el contrario, asumir que tiene muchos hilos y partir del principio vital de que lo que hacemos nos nace desde el amor, como te enseñé en el principio de generación, atrayendo lo que sea mejor en nuestra vida; como la resonancia pura, conectándonos con la Gran Red de unicidad y desde ese lugar generar el mejor karma posible.

El karma se parece más a un río que a una gota de agua; va avanzando. No se puede separar una causa de un efecto, que a su vez genera otra causa y produce un nuevo efecto. Es importante saber qué cosas, que al parecer son terribles, terminan resultando fabulosas.

El coronel Sanders, de Kentucky Fried Chicken (KFC), tuvo que perder la estabilidad de la vida que conocía para atreverse a cocinar pollos. Si se hubiese quedado en su trabajo anterior, no habría desarrollado su maravillosa receta.

Sin embargo, nosotros solemos quejarnos de nuestra historia personal. Decimos: "Pero qué mala suerte tuve, porque me dejó Susana"; cuando gracias a que ella rompió contigo encontraste al amor de tu vida. O "qué mala fortuna la del señor Íñigo, cuando por heridas de guerra tuvo que retirarse a su finca". Y, no obstante, podríamos pensar que esas lesiones le permitieron adentrarse en la historia sagrada y transformar su vida para convertirse en san Ignacio de Loyola.

Por eso te pido que dejes de juzgar a la vida como buena o mala. No pienses en las enfermedades como si fueran buenas o no. Deja de analizar a tus gobernantes solo desde la perspectiva de lo bueno y lo malo; encuentra, dentro de lo malo, lo bueno. Siempre, en las circunstancias complejas, hay algunos filamentos de luz que aportan conocimiento, consciencia y crecimiento.

Incluso, y esto tienes que hacerlo desde una perspectiva muy compasiva, puedes mirar atrás y observar las circunstancias difíciles, las más duras que te haya tocado vivir. A veces cuesta mucho encontrar lo bueno que nos dejaron los eventos que nos lastimaron. Podrías preguntarte: "¿Qué me tocó aprender de esta experiencia? ¿Qué es lo que el universo quería contarme a partir de este desafío en particular?". Y luego, de una manera muy atenta, observa todo lo bueno que te llegó a partir de eso malo. Créeme que cuando comenzamos a hacerlo nos damos cuenta de que la vida no es dual, que es un sistema complejo y maravilloso, y que todo lo que el universo nos da, según la ley de unicidad, está destinado a aportarnos y enseñarnos algo.

Las semillas del pasado repercuten en tu presente, pero las que siembras en tu presente le darán forma a tu futuro. En lugar de lamentarte por lo que ya hiciste, ocúpate de hacer ahora, con tu mejor amor, con tu mejor intención, una nueva senda hacia la vida plena.

El karma no es un fenómeno único y simple. Hay diferentes tipos, cada uno con sus efectos, objetivos y tiempos. Son estos: el karma ancestral, el karma presente y el karma destino.

El karma ancestral es el que viene de nuestras familias, de nuestros ancestros o quizá de nosotros mismos, pero en otras vidas; esto aplica para los que creen en la reencarnación. Quienes no coinciden con esta idea pueden pensar que es la herencia que hemos tomado generación tras generación de nuestros antecesores.

El karma presente es el más importante. Se refiere a lo que estoy generando aquí y ahora, el que estoy produciendo con mis actos, mis intenciones, mis pensamientos, mis conductas. Las partes más nobles y también, por supuesto, las oscuras que hay en mí. Este es el karma en el que más debemos enfocarnos.

El karma destino es un karma divino, uno que nos es dado desde Lo Superior y frente al que no podemos hacer nada. Representa apenas el 2 % de la totalidad de nuestro karma, pero es un porcentaje muy importante que está asociado con el lugar en que nacimos, con los padres que nos dieron la vida que nos tocó vivir. Si alguien tiene una discapacidad o una capacidad diferente, pudiera deberse al karma destino.

Debemos tener siempre presente que no podemos controlar el karma. Solo podemos dirigir las semillas. Yo no puedo controlar el efecto de lo que estoy transmitiendo en este capítulo; no sé si a alguien le gusta, si a alguien lo incomoda, si alguien lo usa, si a alguien lo daña, si a alguien le hiere, si a alguien le abre las puertas. Lo que sí puedo controlar es mi intención y propósito al compartirlo en este libro y en mis cursos. Que mi propósito sea bueno no asegura que yo tenga un buen efecto. Yo no lo hago con mala intención, pero no puedo garantizar el karma; puedo garantizar la semilla.

Te contaré un poco sobre los tres tipos de karma.

El karma ancestral se refiere al oficio que tu familia le ha dado a la situación social, cultural, económica y religiosa en la que te crió; tu sistema de creencias, tus fobias y filias, tus apegos y tus deseos están en parte influenciados por la educación que recibiste. Si creciste en una casa digna, con unos papás bien instruidos, preparados y de buena intención, tu destino es distinto, a diferencia de si naciste en un hogar disfuncional, con padres enfermos, tóxicos, sin estudios y sin una consciencia amplia.

Si tan solo hubieses sido criado en otro entorno religioso, social o cultural, si en lugar de una buena educación hubieras recibido malos tratos de tus padres o experimentado abuso en vez de cooperación, eso sin duda ha influido en la vida que vives.

En ocasiones vemos al karma ancestral solo desde la perspectiva negativa del "heredé cargas y culpas", "heredé juicios" y quizás el señalamiento de los demás por provenir de esta familia, pero también recibiste valores, una posibilidad educativa, amor y contención, cariño, educación para agarrar los cubiertos; heredaste comida en tu mesa, un hogar donde crecer, y todos estos regalos también son karma ancestral.

El apellido que nos han legado, con toda la reputación, el buen o mal nombre que este lleva, nuestro nombre propio, el lugar que nos concedieron en la sociedad nuestros padres y abuelos, todo eso es parte del karma ancestral. Tenemos que aprender a agradecerlo, porque ninguno de nosotros se hizo solo. Mucho de lo que obtuvimos al paso de los años fue en parte dado por las bases que nos proporcionaron nuestras familias. Es importante que aprendas a honrar y a agradecer esa historia de la cual tú provienes.

En general, el karma que nos han otorgado ha sido útil y bueno. Y, a medida que crecemos, podemos valorar y apreciar de mejor manera lo mucho que nos han dejado los que estuvieron antes que nosotros. Tal vez no todo fue bueno, pero sin duda tampoco todo fue malo, así que agradece y recuerda que el karma ancestral es menos del 10 % de nuestro karma total.

El karma divino o karma destino es la parte más sutil y una de las más importantes del karma. Es el que se establece desde la consciencia de Lo Superior. Es, de cierto modo, un acuerdo que hace nuestra alma antes de encarnarse con la Divinidad. Es complejo, pero muy rico; es apenas un 2 % del karma total, pero muy importante. En él se incluye la manera como naces: saludable, grande, débil, discapacitado, con alguna enfermedad congénita o lleno de atributos físicos; allí también influye en dónde has nacido. Tu vida no sería ni cercanamente similar si hubieras nacido en las estepas de Mongolia, en Arabia Saudita, en el centro de África o en Finlandia.

En este karma destino se encuentra también la forma de tu nacimiento, si fue parto natural, si fue complejo, quiénes te procrearon, la energía de tu padre y la de tu madre. Está vinculado a tu karma ancestral por la línea de tus padres. Solo en esa combinación perfecta entre papá y mamá pudiste surgir tú. En el karma destino están además algunos eventos muy puntuales, circunstancias de gran suerte o de enorme tragedia, algunos accidentes y algunas buenas cosas que tienen como condición que un pequeño detalle puede modificar por completo la historia de tu vida.

Hay enfermedades que también forman parte del karma destino; son enfermedades que mueven el eje de tu vida, que te transforman por completo. La muerte también es karma destino; ese espacio y esa forma, el tiempo en el que te toca morir, ha sido un acuerdo previo contigo. No se trata de calificar si son buenas o malas las experiencias que trae el karma destino. Llegan, como todo en la vida, para enseñar.

El karma destino pareciera ser un elemento de muy difícil acceso. Te pongo un par de ejemplos: si nosotros pensamos en los trastornos del crecimiento desde una perspectiva de juicio, como algo terrible que hace sufrir a la gente, que la lastima, que la denigra, que le impide cumplir sus sueños; damos por sentado que nacer con baja estatura es un mal karma. Sin embargo, en algunas culturas y en algunos periodos de la historia, las cualidades diferentes del cuerpo o de la mente eran consideradas un regalo divino. Y hubo tiempos y consciencias en que los trastornos del crecimiento dieron buenos frutos a quienes nacieron con esa condición.

Juzgamos la realidad desde nuestra particular perspectiva, que puede ser muy limitada. Mujeres que ahora nos parecen excedidas de peso o incluso obesas marcaron cánones y estándares de belleza maravillosos hace unos cuantos siglos. El tono de la piel demasiado blanco representó estatus, aunque hoy la mayoría de la gente desea broncearse por gusto y estética.

Con esto, en lo que deseo hacer hincapié es en que no debemos juzgar el karma destino. No sabemos si detrás de un nacimiento complejo en un país difícil se está gestando un alma que será fuerte y que transformará el mundo cuando crezca. Tampoco podemos decir que es un buen karma destino nacer en un hogar abundante en una nación del primer mundo. Sabemos ahora que el nacimiento, la historia de los padres —que sería karma ancestral— y los primeros años de vida influyen, pero también que los seres humanos tenemos una profunda fuerza para darle forma a nuestra vida.

Antes de ir a nuestro karma presente voy a dejarte en claro que, según las enseñanzas del karma, eres tú, en una parte muy luminosa de tu ser superior, quien acuerda cuándo y cómo vas a bajar a encarnarte en el mundo; también las lecciones que te tocará aprender y la manera como partirás. Cuando nacemos lo olvidamos todo; así es, pero en el fondo del alma, cada uno fue corresponsable de generar su propio karma destino.

Ahora llegamos al karma presente; es el 90 % o incluso más de todo lo que nos ocurre. Es el que vamos construyendo día a día con nuestras decisiones u omisiones, el que reforzamos con nuestras intenciones amorosas o mal dirigimos con nuestra rabia y envidia. El propósito del karma presente es que nos encarguemos de generar la mayor cantidad de buen karma, para que así los procesos malos o dolorosos no sean cobrados tan duramente o no resulten tan pesados en nuestras vidas. Si has abonado el máximo de karma bueno, serán cien puntos a favor, y si quizás has cometido algunos errores, equivalentes a unos diez puntos de karma malo, esa diferencia de noventa puntos buenos te ayudará. Estoy convencido de lo importante que es sumar karmas buenos con actos de compasión, de servicio, de ayuda, los cuales tienen que ser actos de amor, de consciencia, con un propósito lindo y claro de servir para ser completos.

Para tenerlo muy claro, el karma divino es 2 %, el ancestral es 8 % y el presente 90 %; por eso, por más difíciles que sean tus karmas ancestral y divino, tu karma presente puede modificarlos, reconstruirlos o transformarlos.

Cuando te preguntas: "¿Cuándo veo reflejados los efectos del karma presente? ¿Cuándo puedo palpar las cosas que estoy poniendo en marcha hoy? ¿Qué tanto y qué tan rápido van a ocurrir o a germinar estas semillas que he sembrado?", la respuesta es: depende de la energía que has puesto, de tu comprensión y aplicación de los principios de la generación y la resonancia, de entender que a veces siembras semillas que, como el bambú, tardan mucho en crecer, pero cuando lo hacen alcanzan metros y metros en una germinación, o de que quizá siembras semillas de muy rápido brote, pero que no dan buenos frutos. Tendrás que descubrirlo en la práctica.

Hay una situación que quiero contarte acerca del karma presente y de cómo la vida toma su tiempo para regresar aquellas cosas buenas que tú has sembrado.

Hace muchos años yo daba terapia y recibí a miles de personas. No recuerdo a todas, pero sí sé que cada día que permanecí allí sentado en mi consultorio tuve el propósito auténtico y legítimo de hacer algo bueno por sus vidas, de ayudarles y acompañarles. Un día viví una circunstancia de profunda dificultad, de verdadera desesperación. En ese momento creía que las puertas se habían cerrado para mí y me parecía totalmente imposible que yo pudiera conseguir un préstamo que me era muy necesario para sortear una situación de primera importancia. De pronto fui a una casa de empeño y me topé con una mirada muy sonriente y amorosa. Sin esperarlo, la persona que atendía el establecimiento me llevó a una oficina y me prestó el dinero sin que yo tuviera que dejar algo en prenda. Para mí el hecho fue muy sorpresivo, entonces le pregunté: "¿Por qué hiciste esto?". Y la mujer me respondió: "Tú no me reconoces, pero hace unos meses fui a tu consultorio, no tenía dinero para pagarte y me dijiste: «Págame lo que puedas». Aceptaste de muy buena manera lo que pude darte y la ayuda que me brindaste en esa hora fue invaluable para mí. Las cosas me han salido bien y hoy soy la dueña de esta casa de empeño. Toma el préstamo, no tienes que dejar ningún papel firmado. Sé que cuando cuentes con el dinero, volverás".

Me desconcerté, no sabía qué hacer, pero luego dije: "Sí, tengo que recibir". Las cosas buenas que uno da se siembran como una semilla y, cuando los frutos surgen, hay que tomarlos con alegría. Regresé unas cuantas semanas después a pagar el préstamo completo. Para mí fue un gran regalo y una buena lección. Aunque yo no me acordaba de esa mujer, ella sí me recordó en el momento en el que más lo necesité; así funciona el karma.

Cuando se tiene poca consciencia, es fácil confundir al karma con la suerte. Miramos lo que otros viven y desde nuestra perspectiva pensamos que las personas son abundantes por su buena suerte; que aquella que tiene un cuerpo atlético, simplemente lo heredó o lo descargó de una aplicación. Dejamos de ver que detrás de todo el éxito hay siempre una energía.

Cada uno de nosotros tiene éxito en aquello a lo que ha dedicado su tiempo y su atención. Es muy importante entender que el karma es precioso, porque se puede almacenar, porque es flexible, porque se va sembrando y emerge en el instante preciso.

Hay personas que tienen un buen karma frente a la abundancia y jamás les ha de faltar nada. Es como si fuera un premio. Hay seres que poseen un karma divino con la alegría, que les es fácil estar de buenas, que nacieron con un cuerpo muy saludable desde su karma divino. Otros que por herencia de familia recibieron un negocio —karma ancestral—, pero que con disciplina y trabajo lo han hecho crecer. Es muy importante descubrir cómo se van relacionando los tres karmas, cómo se conectan y entrelazan. La vida plena y feliz es un efecto, pero también una causa. Es importante que entendamos que para vivir lo que queremos vivir, debemos sembrar las mejores semillas.

Ten mucho cuidado con lo que pides, con suponer que la vida es injusta; por el contrario, desde el fondo de tu corazón hazte responsable de tus actos. Está bien que mires atrás y te preguntes cuál es el karma que tus ancestros te han legado. Y quizá, también, observar algunos atributos que tienes como karma divino, como dones o regalos que te fueron dados desde el principio de tu vida; pero, sobre todo, lo más importante es que percibas qué es lo que tú estás generando, lo que estás emitiendo y cómo las semillas que siembras van a dar sus frutos en el momento adecuado.

Aquellos que son serios sobre el dharma (...) se esfuerzan por permanecer conscientemente atentos.

—Naropa

Capítulo

5

Ley universal V: Principio del *dharma*

El que siembra luz cosecha luz;
así funciona el dharma.

Ahora mismo, mientras reviso este capítulo, estoy en la India, siempre descubriendo y redescubriendo su magia y misticismo. Es fácil entender que surja filosofía tan bella de una tierra tan rica. De alguna manera queda claro que solo de un mundo con tantos condimentos puede brotar algo tan majestuoso como la consciencia plena de una realidad que nos supera.

Hay un proverbio hindú que dice: "Cuida tus pensamientos, ya que se convertirán en tus palabras. Cuida tus palabras, pues se convertirán en tus acciones. Cuida tus acciones, ya que se convertirán en tus hábitos. Cuida tus hábitos, porque se volverán tu carácter. Cuida tu carácter, pues de él se desprenderá tu destino".

Mirando este párrafo con profundidad podemos inferir que, si cuidamos nuestros pensamientos, entonces confiaremos en que nuestros hábitos cambiarán, porque el karma que corregí en mi pensamiento se enmendará en mi palabra y hábito. Así, en lugar de estar ofuscados por querer subsanar los comportamientos y las conductas como un resultado final, podemos ir más adentro, a lo profundo, a lo verdadero y esencial, y entonces corregir nuestro interior desde la semilla misma. De esta manera, en lugar de ocuparnos de podar el árbol una vez que ha crecido, podemos anticiparnos y, desde el origen mismo, cultivar aquello que queremos ver florecer y expandirse para nosotros y los que nos rodean.

El karma, de forma simple, es ese pensamiento, intención, emoción o consciencia que vamos sembrando. Cuanto más conocimiento, más atención y amor le ponemos a ese karma, más fuerte y vívido irá volviéndose. Por tanto, podríamos decir que el *dharma* es el karma "positivo" que nosotros vamos generando.

Si yo sé que lo que estoy haciendo puede producir un daño y lo hago, eso genera un karma aún mayor. Si además sé que estoy dañando y mi propósito es herir a alguien, eso producirá un karma todavía más grande. Es importante entender que cuando tú tienes más consciencia, más información y más sabiduría, eres un mayor generador de karma. Así, un adulto que sabe muy bien lo que está haciendo, cuando daña a un niño está produciendo un gran, gran karma.

Esas semillas que voy sembrando —que se nutren de intención y atención, de pensamiento, carga y consciencia— pueden ser positivas o negativas. Al referirnos a karmas positivos, benéficos y luminosos, hablamos de *dharma*, que es la siembra de semillas que terminarán generando un jardín lleno de bendiciones.

Dharma es una palabra polisémica, es decir, tiene muchos significados. Para algunas corrientes es un deber, un propósito virtuoso; incluso se puede interpretar como una ley de comportamiento con principios muy definidos: hacer lo correcto, actuar de la mejor manera que podemos, es generar *dharma*.

También se puede entender como un eje rector de vida, como la posibilidad de la construcción y la cocreación de una existencia centrada en las cosas buenas que voy haciendo, a sabiendas de que traerán recompensas, bendiciones y beneficios a mi historia futura.

Una mirada muy simplista del *dharma* sería verlo como karma bueno, pero va todavía muchos pasos más allá. El *dharma* es orden, es lo correcto; el *dharma*, desde una perspectiva muy consciente, es la generación de acciones que nos permitan realizarnos interiormente y que, al hacerlo de una forma beneficiosa, también colaboran con la realización de los demás. Incluso si nosotros amplificamos nuestro *dharma*, cooperamos con un bien mayor para el planeta y todos los seres sintientes o conscientes.

Cuando los seres humanos hacen cosas dañinas y viven en la ignorancia, es porque desconocen el sentido de su vida. Peor aún, cuando hieren a otros con conocimiento de causa generan un karma destructivo y nocivo que tarde o temprano les pasará la factura.

Cuando los seres humanos evolucionamos en la consciencia y nos volvemos más luminosos y sabios, hacemos lo que es correcto, lo que tiene buen sentido y significado, lo que aporta luz, lo que es bueno para nosotros y los demás. Eso es el *dharma*.

Pensemos en un bosque, en un espacio en donde cada criatura coexiste en su mejor versión. Todos los árboles tienen derecho a crecer. Cada árbol toma su propia fuente de luz y se van ordenando uno tras otro para vivir en paz.

Cuando uno vive bien, sin interferir en el crecimiento del otro, cuando ayuda y coopera con los demás para evolucionar y mejorar, entonces está viviendo en orden: está viviendo en *dharma*.

El *dharma* se relaciona con el principio de unicidad sobre el que leímos al principio de este libro; es opuesto a la separación. Es contrario a la ruptura, a la violencia, a la enfermedad y al sufrimiento.

Para ir hacia el *dharma* debemos rectificar nuestros pensamientos, alinearnos con intención desde la mente, con un propósito y con amor en el corazón. Si nosotros pudiésemos desprendernos de la ignorancia sustancial, es decir, de la incapacidad de ver las cosas en su completa dimensión, si pudiéramos dejar el conocimiento inconsciente del deseo de nuestro ego, entonces viviríamos de una manera más *dhármica*.

El hinduismo enseña que en el centro de todos nosotros y de toda la creación hay luz. A veces esa luz está recubierta por capas de dolor, de resentimiento, por heridas del pasado, por circunstancias muy particulares de vida que quizá nos lastimaron y nos desviaron del camino correcto, de tal manera que algunos seres humanos han perdido la capacidad de ver su propia esencia brillante.

El llamado ahora es a que tú puedas atravesar esas capas superficiales y permitas que surja la luz. Que tu vida, tus acciones, tus pensamientos, aquello que generas y todo lo que resuenas vaya en un orden y una armonía perfectos. Esto es el principio de una buena vida y de una existencia plena y feliz.

¿Recuerdas que, cuando comentamos sobre el principio de resonancia, dijimos que cuantas más cosas que combinan se acercan, más fuerte se hace el campo que emiten? Ahora imagina una circunstancia hipotética en donde gente ignorante —y no estoy hablando de la ignorancia académica, sino de la ignorancia de la vida, del universo, de las leyes, de los principios que rigen el orden— se encuentra. Cuando alguien desdeña que la violencia destruye y daña, se cruza con otra persona que también quiere generar violencia. Entonces la violencia crece, se expande y entre ambos atraen, por resonancia, más y más circunstancias en donde experimentar la violencia.

Si lastiman a alguien y quieren hacerlo, si desde el fondo de la intención está generar sufrimiento a otros, eso va a traer un tipo de resonancia. Al paso de mi tiempo compartiendo con tantas personas he descubierto que la mayoría de la gente no quiere herir; no es el deseo de alguien lastimar a su cónyuge con sus palabras y, sin embargo, lo hace.

Recuerda que hay muchas fuerzas que se están emitiendo: tu acción y tu palabra, pero también tu intención y propósito. El karma es toda la semilla que siembras. El *dharma* son las semillas que están recubiertas de conocimiento, de sabiduría y amor. Así como dos seres violentos se juntan para hacer daño y se amplifica su fuerza, cuando dos personas se unen en el bien, en una intención de servicio, de cooperación, de ayuda, en una búsqueda de vivir de una manera más saludable y mejor, también esto resuena y crece en el interior.

Esa capacidad que tenemos de dañar es una distorsión de nuestra esencia. La luz que brilla en nosotros, esa esencia que es pura, es más fuerte y real; por eso es necesario que aprendamos a generar la vida desde la intención compasiva, desde el amor y la consciencia, y de una manera natural produciremos una vida *dhármica*, llena de frutos dulces, de circunstancias hermosas, de personas maravillosas y de experiencias dichosas.

Dentro del conocimiento espiritual hay muchos secretos que no se revelan, que se cuidan celosamente bajo la idea de que solo deben ser compartidos entre iniciados, entre personas que hayan dedicado mucho tiempo de su vida al estudio y la reflexión de los más elevados preceptos. Pongo hoy a tu servicio una de estas enseñanzas desde una actitud *dhármica*, pues mi propósito es que al entenderla puedas aplicarla a tu vida, que traiga bendiciones para ti y los tuyos. El secreto es este: se requiere la misma energía para generar más karma y más *dharma*. Se necesita la misma energía para sembrar semillas luminosas que para sembrar destructivas o neutras. Entonces, ¿cuál es la diferencia? La respuesta es tu nivel de consciencia. Desde un nivel de consciencia mayor, siempre podrás elegir actos luminosos centrados en la compasión y el nivel superior. Desde una consciencia baja solo podrás mirar los actos más simples y, en muchos casos, los nocivos y destructivos.

Quiero darte un ejemplo. Imagina que por alguna razón has arribado a un gran espacio. No eres consciente de cómo llegaste allí. Has atravesado una y otra cueva. Estás en el interior de algo inmenso. Después de haber recorrido este espacio grandioso por unos minutos, en la más absoluta soledad, miras hacia arriba y no logras ver nada. Llevas apenas una lucecita encendida, como la de una antorcha. Con ese pequeño brillo has ido avanzando y te ha bastado para caminar y mirar quizás un metro delante de ti. Cada tanto has ido encontrando pequeños tesoros al andar. Súbitamente, por alguna razón que no conoces, una luz intensa ilumina todo el espacio, como si fuera un relámpago, y tú puedes mirar por un instante que estás dentro de un muy fastuoso lugar, lleno de joyas, tesoros, libros y reliquias.

Es impresionante todo aquello que te rodea, pero luego pasa el resplandor y vuelve la oscuridad. Te quedas tú con tu pequeña antorcha, intentando alumbrar el espacio, pero es imposible porque no puedes abarcar la majestuosidad que te rodea. Ahora sabes que todos esos tesoros y esas reliquias están ahí, que todo eso existe, pero no sabes cómo volver a verlo. El lapso fue tan breve, tan corto, que no puedes retener toda la información.

Esto es muy parecido al despertar espiritual. De esto se trata la consciencia y el principio del *dharma*. De pronto la luz te llega y comprendes que puedes hacerle bien al mundo. Descubres que eres capaz de generar actos simples o complejos que traen el mayor bien a todos los que te rodean y, entonces, algo en ti cambia.

Hoy quiero decirte que eres capaz de elegir desde tu consciencia realizar actos *dhármicos*, que puedes discernir entre hacer cualquier cosa sin beneficio o hacer las cosas con un propósito de ayuda, de cooperación, de servicio, sumado a un bien mayor. Si tú aprendes a elegir entre hacerlo de una forma simple o ponerle cariño y un propósito superior, entonces irás directo hacia el camino del *dharma* y ese espacio lleno de tesoros se desvelará con claridad cada vez mayor para ti.

Puedes sembrar *dharma* con acciones. Sin duda, cuidar a un enfermo, dar un consejo desde el amor a un amigo, ayudar a los pobres, ser un buen hijo, un buen padre, un buen esposo, una buena patrona, ser compasivo con la tierra, cuidar a tus mascotas, tener un sentido de responsabilidad frente al planeta, son actos *dhármicos*. También puedes hacer *dharma* pensando en cosas lindas y luminosas, pidiendo por los demás y bendiciendo al mundo.

Cuando tenemos frente a nosotros una circunstancia atroz como una guerra, podemos llenar nuestro corazón de rabia o resentimiento y eso influirá en la generación, en la resonancia, en todo aquello que atraemos a nosotros y, por supuesto, en nuestro karma. La violencia atrae violencia y el enojo hace que nuestro entorno se llene de más rabia e ira.

Frente a una difícil situación como una guerra, puedes pedir por la paz, desear el bien mayor y no tomar partido, no caer en la tentación de juzgar, no etiquetar como buenos o malos; simplemente desear que se establezca un orden justo y armonioso para todos. Esto también es *dharma*.

A veces hacemos actos maravillosos y desconocemos su sentido trascendente. Por eso yo creo en la fuerza de la oración. Se puede hacer mucho *dharma* desde el interior del corazón, pidiendo a Lo Superior por el bien mayor. Puedes hacer *dharma* acompañando en las intenciones de tu pensamiento un deseo de alguien que quiere mejorar o perdurar, deseándole a un negocio que le vaya bien, a una persona que tenga un buen camino, a un libro como este que encuentre las mejores rutas para crecer y florecer.

Hacemos *dharma* cuando meditamos y actuamos por el cuidado del planeta, cuando cuidamos a un árbol o a un animal, cuando protegemos a una persona indefensa o ayudamos a alguien que lo necesita. Hacemos *dharma* con nuestras palabras, cuando apoyamos desinteresadamente, silenciando los juicios o quedándonos callados ante comentarios nocivos para los demás. Quizá si frente a los comentarios dañinos actuaras como un valiente defensor de la justicia generarías un bien mayor, pero a veces simplemente quedarte callado y no abonar al juicio es también un buen acto para los demás. Cuando compartes un poco de lo que tienes sin que nadie lo sepa, cuando enseñas aquello que sabes, cuando asistes a alguien que sin conocerte te necesita, estás generando *dharma*.

Dharma es sabiduría y aprendizaje, prudencia y respeto. *Dharma* es pensar, vivir y sentir lo que tienes de luz para darle al mundo y hacerlo desde la mejor intención para tu corazón.

Quiero ponerte un ejemplo en relación con la abundancia. Si tú das abundancia esperando una recompensa del cielo o deseoso de que otros te vean y aplaudan, ¿cuál sería el efecto de la semilla que estás sembrando? ¿Es realmente el deseo de ayuda o es el de aplauso? ¿Es verdaderamente un acto de compartir o quieres ganarte un cielo superior por tu "gran generosidad"? Pero si, por el contrario, desde la humildad y el silencio das discretamente, solo movido por la intención de ayudar, sin esperar recompensas ni desear aplausos y únicamente con la simpleza de tu corazón, entonces el propósito tendrá una semilla distinta y la vida, estoy seguro, te recompensará con cosas lindas y luminosas.

Simplemente con tus palabras, miradas y pensamientos puedes impulsar el *dharma* o el karma de alguien más. Cuando un conocido te cuenta que se dispone a abrir un negocio y tú le dices "te va a ir muy mal", estás sembrando una semilla destructiva, un karma nocivo; pero si, por el contrario, desde tu intención le deseas que le vaya bien, si prendes una velita o desde el fondo de tu corazón oras a Lo Superior por el bien de esa persona, entonces estarás sembrando un precioso *dharma* para ti y para ella; esto traerá quizá beneficios para los que más amas, cuando más lo necesiten.

Si alguien cercano a ti quiere ser artista y en lugar de juzgarlo y lanzarle una letanía pesada le dices que deseas lo mejor para él, que tenga la fuerza para cumplir sus sueños, que le vaya muy bien, que encuentre a las personas correctas en los tiempos perfectos, estás pulsando un buen *dharma*.

Es muy importante entender que no solamente se trata de tus actos o tus palabras, sino también de tus miradas de desaprobación o confianza; es tu pensamiento, incluso el más profundo. Si dices: "Creo, confío, decreto, influyo desde mi pequeño campo de generación, alineo todo para que te vaya muy bien", tu apoyo profundo a los deseos positivos de los demás es un acto *dhármico*.

Así que la próxima vez que te descubras en una actitud negativa y estés deseándole mal a alguien, recuerda que estás generando un karma. También hazte consciente de que puedes modificarlo. Simplemente entra en contacto contigo, cambia tu foco de atención y emite algo que sea productivo, provechoso y bueno para los demás.

Si no puedes hacerlo, si sencillamente dentro de ti no existe la capacidad de desear el bien, entonces al menos no desees nada. Es mucho mejor que tu karma sea neutro a que sea negativo y destructivo. Recuerda que lo que tú emites volverá a ti.

Al principio de este capítulo te compartí una enseñanza hindú que ahora retomo para mostrarte que puedes hacer un *dharma* destino, que puedes transformar tu futuro si aprendes esta lección.

Tu destino proviene de tu carácter, tu carácter de tus hábitos, tus hábitos de tus acciones y tus acciones de tus palabras; las palabras vienen de tus pensamientos y yo agregaría "de la luz de tu corazón". Entonces, ¿dónde empieza el cambio de destino? ¿En un cambio de trabajo? ¿En tener una casa nueva? La respuesta es no. Te invito a que entiendas que el *dharma* se origina en tu corazón y pensamiento; de ahí pasa a tus palabras, acciones, hábitos y carácter. Y es aquí donde se forma tu destino.

Así es que, si quieres modificar tu realidad de una manera siempre positiva y luminosa, debes recordar que el cambio de tu destino, las semillas luminosas que pretendes ver florecer en el futuro empiezan ahora en tu corazón, y que hay pensamientos *dhármicos* que desean el bien superior, un propósito que sea útil, bueno y saludable para ti, y también para todos los que te rodean. Estos pensamientos transmiten benevolencia y una búsqueda de un bien mayor para todos.

Los pensamientos *dhármicos* van a reflejarse en palabras *dhármicas*. Son palabras con una energía especial cuando se aplican en coherencia. Aunque estamos hablando de *dharma*, tienes que revisar cómo este se entrelaza con los principios de generación y resonancia, y cómo vibra en la Gran Red que es el principio de unicidad.

Algunas palabras maravillosas que bien empleadas desde el corazón generan *dharma* son: "gracias", "te perdono", "ayúdame", "te ayudo", "siento compasión por ti", "valoro tu amistad", "me comprometo", "lo hago por amor", "te libero y me libero".

Cuando nosotros incorporamos palabras potentes a nuestro vocabulario, se vuelven parte del cambio de nuestros pensamientos; entonces empezaremos a ver efectos positivos en nuestra vida y seremos conscientes y capaces de vivir en mayor luz una existencia saludable. Recuerda que el cambio no va a ocurrir mañana; sin embargo, ahora mismo puedes comenzar a propiciarlo.

Voy a generar buen *dharma* cooperando con tu *dharma*. Te comparto aquí tres pensamientos útiles y poderosos que tendrás que ir digiriendo e integrando poco a poco en tu vida. Recuerda que lo más importante de la espiritualidad no es leerla en los libros, sino escribirla en nuestro corazón y de ahí expresarla a través de nuestros comportamientos y actos.

El primer pensamiento nos dice: "Solo el bien es real". Entiendo que en la unicidad hay un principio rector y es bueno; por tanto, en la Gran Unidad solo el bien es real. Además, yo genero bien al bien desde el principio de generación y, como genero mucho bien, resueno con las cosas buenas. ¿Ahora lo ves? Ahí está el principio de resonancia: atraigo cosas buenas. Siembro pequeñas semillas que son karma, pero si son benéficas, poderosas y traen un mayor bien, esto es *dharma*. Así es que cuando tú repites: "Solo el bien es real", estás integrando los cinco principios que hemos trabajado hasta ahora.

Nuestro segundo pensamiento nos dice: "La fuente central del universo me ama". Cuando pienso en el amor desde el centro de la Gran Red, estoy conectándome con la generación y la resonancia, pero además con la energía *dhármica* que traerá, sin duda, más amor a mi vida. Además, puedo entender, según el principio de unicidad, que la fuente central está en todos lados al mismo tiempo porque somos parte de una Gran Red vibrante y pulsante de información.

El tercer pensamiento dice: "La vida fluye a mi favor". Si decimos esto, damos por sentado que el principio generador de todo es vida y que fluye como en la Gran Red en nuestro favor, siempre y cuando partamos de las mejores intenciones, los mejores propósitos, los mejores deseos. ¿Recuerdas cuando en la resonancia y la generación hablábamos de la importancia de la intención, de tu propósito, del amor en tu corazón? Bien, pues estos tres pensamientos *dhármicos* funcionarán y darán resultados *dhármicos* en la medida en que habite en ellos la coherencia entre todas sus partes, la intención de repetirlos desde la consciencia y el amor en tu corazón.

Comprender karma y *dharma*

Mientras que en el capítulo anterior hablamos del karma y nos mostraba que hay semillas que estamos sembrando y que esa siembra dará frutos, en este capítulo hemos visto que el *dharma* nos dice que debemos sembrar semillas provechosas y constructivas para que los frutos sean benéficos y saludables. Mientras que el karma solo nos habla de hacernos responsables de las causas y los efectos que vamos generando, el *dharma* nos impulsa a que seamos responsables de hacer el bien y de abrirnos a recibir el bien en todas sus formas.

El karma se centra en mirar en el pasado las causas que han dado como consecuencia nuestro presente, pero el *dharma* nos dice que seamos conscientes de las cosas buenas que hacemos ahora, en el presente, para seguir atrayendo cosas buenas a nuestra vida. Y si en algún momento hemos hecho actos "malos", nos dice el *dharma* que inmediatamente generemos actos "buenos" para corregir el camino y recibir los mejores resultados.

Te propongo un ejercicio reflexivo: te invito a que te preguntes cuánto bien estás trayendo al mundo en tus labores cotidianas, si tu presencia suma y aporta a la gente que te rodea el día de hoy. Si fuera una pregunta concreta, te diría: ¿cuánto *dharma* has generado en este día?

No se trata de que seas demasiado severo ni muy estricto contigo. Tal vez llamaste por teléfono a tu madre y eso le alegró el día, o quizás ayudaste a tus hijos a ponerse los zapatos porque no saben hacerlo y les facilitaste la vida; tal vez acompañaste a un buen amigo por la mañana o fuiste empático con alguien que te encontraste en la calle; quizá fuiste paciente con alguien que trató de asistirte. El *dharma* no siempre está en las grandes acciones que son relucientes; también se encuentra sutilmente escondido en los pequeños actos, en acompañar desde el cariño, en cuidar con responsabilidad, en hacer con esmero nuestra labor cotidiana, en ser buenas personas y propiciar un bien mayor.

Ahora puedes mirar atrás y darte cuenta del mucho karma que has ido construyendo al paso de los años. Quiero que observes a las personas que han traído más luz a tu vida. ¿Quiénes se han acercado a ti para ofrecerte conocimiento, salud, armonía y paz? Quizá tengas que agradecer a tus padres y abuelos, a todos aquellos que te cuidaron, a tus hermanos, a tus amigos y a tus mentores porque creyeron en ti y, desde este lugar, cuando les agradeces, tú estás sumando a su *dharma* reconociendo que sus semillas buenas han traído grandes frutos en tu vida, pero también estás sumando al tuyo en tu humildad y en tu consciencia de ti mismo.

En el *dharma*, igual que en muchos otros movimientos energéticos en la vida, cuanta más emoción, intención, consciencia y presencia pongamos, mayor energía nos acompañará. No se trata únicamente de generar *dharma* de palabra, sino también en las emociones, de ser coherentes, de influir en el propósito y en la intención, de desear de corazón que las cosas vayan bien para nosotros y los demás, de hacer que los actos que vamos generando día a día surjan desde lo profundo de nosotros, con brillo y una buena intención de hacernos bien, de hacerle bien a otras personas y de mejorar el mundo.

Nuestro *dharma* debe estar alineado en el pensamiento, la mente y nuestras intenciones, y así nuestro corazón producirá una energía que irá en expansión.

Podrías en este momento sentir la presencia de la Gran Red que es la unicidad y desde ahí generar el deseo de que te vaya muy bien a ti; eso es generación. Que además pienses en que invitas a todos aquellos a quienes puedas ayudar y cooperar con que les vaya muy bien, atraer los mejores caminos, los mejores aliados, las mejores lecciones, sentir que conectas con toda esa suma de circunstancias que atraerán un bien mayor, eso es resonancia.

Además, que sepas que desde un lugar bonito estás sembrando semillas para que las cosas ocurran, eso es karma. Y que estas semillas, en coherencia y cariño, van recubiertas de amor y buenas intenciones para ti y los demás. Si esta luz que tú abonas impulsa a que te ocurran cosas buenas a ti, a tu familia, a tu comunidad y al mundo entero, estás generando un *dharma*. Ahora entiendes que todos los principios se entretejen.

Quiero terminar este capítulo con una reflexión. Cuando seas mayor vas a tener un árbol en el centro de tu jardín interior; quizá los frutos del árbol sean dulces y agradables, sean miel y azúcar, compañía y dulzura, nutrición y bendiciones. O tal vez estos sean de soledad y dolor, enfermedad y caos, miedo y angustia, deudas y abandono. Si estuvieras ahí tendrías que hacerte consciente de que tú mismo sembraste ese árbol cada día en tu pasado, en cada acción, cada pensamiento, cada libro que leíste, cada canción que escuchaste, en cada oportunidad que tuviste de ayudar o de cooperar con alguien más.

Ahora, piensa que estás hoy y aquí, sembrando el árbol de tu futuro, las semillas de tu salud, de tu lucidez mental, de tu equilibrio emocional, de tus relaciones personales; que estás sembrando tu destino.

Por favor, encárgate de sembrar muchas semillas brillantes llenas de amor, de *dharma*, para que al final de tu historia y cada día a partir de hoy puedas ir cosechando frutos hermosos que te hagan sonreír, estar en calma y disfrutar de la experiencia que te tocará vivir.

*Nunca esperes, nunca asumas,
nunca pidas y nunca exijas. Deja
que las cosas ocurran. Si algo tiene
la intención de ser, sucederá.*

—Anónimo

Capítulo

6

Ley universal VI: Principio de *Wu Wei*

El Wu Wei *es el arte de dejar que la vida haga, de entender el flujo perfecto de los acontecimientos.*

Las diferentes tradiciones espirituales, para poder revelarse en todo su significado y profundidad, exigían un intercambio, una manera en que el estudiante demostraba su compromiso, su disposición y actitud frente a la enseñanza que recibiría. Hoy estamos habituados a pagar la mayoría de los bienes con dinero, aunque hay muchos bienes intangibles que tienen un gran valor que el mismo no alcanza a cubrir.

La enseñanza sagrada, la capacidad de sanar a otros, el contacto interespecies, la posibilidad de entrar en los planos sutiles de la existencia no se pueden pagar solo con dinero.

En el pasado remoto cada tradición exigía sus propias cuotas. Se les llamaba "iniciaciones" y eran un intercambio de consciencia, de energía, de intención y atención, una especie de prueba cuyo propósito era saber si la persona que deseaba el conocimiento estaba realmente preparada o tenía lo que hacía falta para alcanzarlo.

Algunos de estos caminos espirituales exigían ritos de fuerza o pruebas tales como laberintos, incluso viajes excepcionales. Entre estas escuelas de conocimiento y los peajes o las cuotas que cobraban a sus iniciados hay una que me llama poderosamente la atención. Para ingresar en una gran escuela de sabiduría en las islas del mar Egeo, la prueba consistía en que el adepto remara por una ruta en una pequeña barca durante tres días, haciéndolo por sus propios medios. Solo podía llevar comida y agua para ese periodo. Transcurrido este tiempo, el trabajo consistía en tirar los remos y confiar en que la marea lo condujera hacia esa costa en donde se encontraba el conocimiento superior. Parece una locura y quizá resulte difícil de comprender para nuestra mente tan apegada a las cosas, tan tristemente saturada de información, pero en el pasado las personas sabían que ese era un peaje que daba la certeza de que se podía confiar en los flujos hermosos del universo.

Hasta ahora, nuestros paradigmas y creencias sobre la espiritualidad y el crecimiento humano dictan, en la mayoría de los casos, que tenemos que hacer todo, que nos corresponde aplicar el principio de generación en su máxima expresión, que la mayoría de las experiencias que vivimos dependen cien por ciento de nosotros y de nuestro libre albedrío. Esto es cierto; lo aprendimos en el primero, segundo y tercer principios. Sin embargo, quiero darte un complemento, una mirada de la espiritualidad desde el Oriente, desde la lejana China, entendiendo que el universo también tiene sabiduría y que hay una razón para que las cosas ocurran.

Este principio sobre el que voy a contarte cambió mi vida. Fue muy profundo para mí descubrirlo, y un año completo de mi crecimiento espiritual lo dediqué íntegramente a trabajar en él. Me refiero al *Wu Wei*, el cual apliqué cada día en muchas circunstancias que se me iban presentando. Fue complejo, porque al inicio parece ir en contra de lo que conocemos.

Nuestro mundo material se resiste a este principio. El egoísmo está constantemente sumergido en la idea de lucha y juicio, y esta visión taoísta acerca del mundo es una amenaza latente para el control, para la rigidez y el pensamiento centrado en el razonamiento de la mente.

Wu Wei es una manera muy especial de ver el mundo, una forma armoniosa de aproximarnos a la vida. Cada grupo humano ha crecido en torno a cierta filosofía, a una cultura y una cosmovisión. Cada cultura tiene una forma de pensamiento ligada al lugar donde habita, a la manera en que vive y las actividades que hace.

A todos nos resultará fácil entender que los dioses nórdicos sean hombres fuertes porque deben luchar contra lobos gigantes y tormentas en el océano. Tienen que ser musculosos y altos, con ojos claros, porque están obligados a sobrevivir en los fiordos noruegos o suecos; también deben ser tremendamente resistentes al frío, porque pasan la mitad del año en la oscuridad de la noche. Son grandes y poderosos, porque cruzan mares fríos entre tormentas eléctricas.

También podemos pensar en los dioses caribeños como unas mujeres sensuales, preciosas, luminosas que se encargan de la belleza y la fertilidad. Son artesanas sonrientes y bailarinas. En este caso no pelean con lobos; tienen que aprender a hacer música y a conjurar las fuerzas del mal para que las cosechas sean buenas. En el Caribe, región de maravilloso clima y primorosos paisajes, se propicia la celebración de la luz y el contacto con las fuerzas del océano; se festejan la naturaleza abundante y la alegría de vivir.

En las zonas desérticas como el Sahara, Gobi o Atacama no hay dioses exuberantes y fornidos, porque no van de acuerdo con las situaciones duras del entorno. Cuando la comida y las tormentas de arena lo cubren todo se honra a distintos tipos de divinidades que representan al sol y al caos, dioses de la humedad que necesitan abastecer de vida la inmensidad vacía que estos pueblos habitan.

Cuando nosotros pensamos en la tradición judeocristiana, debemos recordar que es una filosofía que proviene de la escasez y la lucha constante. En las culturas del desierto es importante defender y cuidar los bienes, porque se pueden perder. Esos pueblos aprendieron a sobrevivir en medio de imperios enormes. Por eso en nuestra filosofía, heredera de la tradición judeocristiana, hay que luchar, defenderse, protegerse y hacer sacrificios, porque el desierto los exige y, desde la parte más profunda, confiar en un "dios" que es tan severo como el inclemente sol que fustiga ese inmenso y árido espacio.

Por tanto, si creciste en una sociedad con influencia judeocristiana, está implícito que tú tengas que luchar, proteger y defender la vida; que tengas que atravesar desiertos interiores; que tu consciencia deba asociarse a los principios de supervivencia y compasión, pero también, positivamente, de generosidad entre las caravanas, de compartir los principios de mantenerse juntos en comunidad para poder superar las vicisitudes.

Sin embargo, el principio de *Wu Wei* surge de una visión muy diferente del mundo, de otra cultura en donde lo preponderante no es la lucha. En la filosofía del *Wu Wei*, surgida en la antigua China, los valores espirituales están asociados a una naturaleza amable y dócil, a grandes ríos y preciosas cascadas; sus valores se basan en el flujo, el avance y la generosidad de la vida.

Recuerda que el chino es un pueblo profundamente arraigado a sus tradiciones. En algunas comunidades sigue conservando prácticas doctrinales milenarias, venerando la sabiduría de sus antepasados.

Uno de los filósofos más influyentes de la cultura china es Lao-Tse, a quien se le atribuye la escritura del *Tao Te Ching* (también llamado *Tao Te King*), un libro muy famoso que reúne y compendia muchas de las enseñanzas superiores del camino del Tao.

Y es dentro de este sendero llamado Tao que encontramos el principio de *Wu Wei*, que quiere decir "acción por medio de la inacción".

Es sabido que los fundadores de cada tradición espiritual están revelando en su propia vida un poco de la experiencia que desean transmitir con su sabiduría profunda. El caso de Lao-Tse es maravilloso y te lo compartiré brevemente.

Lao-Tse era un erudito encargado de la biblioteca imperial. No te hablo de un bibliotecario, sino de un auténtico sabio, quizás el más importante que hubo en su tiempo. Este anciano se encargaba de cuidar, compendiar, ordenar y resguardar el conocimiento sagrado. Era un hombre bastante mayor, que poseía las llaves de los más grandes misterios de la sabiduría que existían en su tiempo.

Lao-Tse había sido un fiel servidor de la Casa Imperial, pero un día decidió que tenía que liberarse de las ataduras y emprender un viaje de búsqueda interior. Era de suponer que nadie consentiría que un sabio de esa naturaleza simplemente saliera del palacio, por lo que se le ordenó que permaneciera allí.

Sin más alternativa, cuenta la leyenda que Lao-Tse escapó y se montó en un animal misterioso y precioso, una bestia que representa el Tao —el búfalo de agua—, una especie de toro grande, noble, bien domesticado que pasa la mayor parte de su tiempo sumergido en un lodo acuoso entre los arrozales. Hace unos años, cuando viajé por Vietnam, pude dedicar unas cuantas horas a la contemplación de estos gigantes maravillosos. Es simbólico que el viejo Lao-Tse montara un búfalo de agua, un animal lento y pesado. No huyó en un caballo ni en una carreta, sino en una entidad grande y humilde, simple y poderosa, así como lo es el Tao.

El emperador lo dejó ir sabiendo que nadie podía salir del Gran Imperio sin pasar por las puertas externas de su país, así es que mandó a un mensajero para avisar que no se permitiera que Lao-Tse abandonara el territorio chino.

Cuando muchos días después Lao-Tse llegó a la frontera, se encontró con un guardia y este le dijo que no podía pasar, que era una orden directa del soberano. Lao-Tse, mirándolo con compasión, le pidió que le permitiera salir para poder sentir la verdadera libertad. Dijo que era mucho lo que había aprendido, pero ahora le tocaba devolver ese conocimiento y experimentar la vida fuera del mundo que conocía. El guardia se negó y Lao-Tse permaneció ahí, esperando lo inevitable. Se cuenta que algo en el corazón del guardia se conmovió y le dijo: "Si tú eres capaz de dejar escrito el conocimiento que has adquirido, entonces el emperador no podrá enfurecerse conmigo. Si lo escribes, te dejaré ir".

Cuenta la leyenda que Lao-Tse se puso a escribir y pasó una noche entera formulando uno de los libros más bellos del conocimiento de todos los tiempos: el *Tao Te King*. Se dice que, en una noche, de corrido escribió estos preceptos universales que hasta hoy siguen maravillando a todos aquellos que nos adentramos en la búsqueda de sus grandes conocimientos. Cuando Lao-Tse entregó el *Tao Te King*, el guardia quedó fascinado, convencido de que, al haber tomado la información del sabio, al emperador no le importaría el cuerpo de un viejo decrépito montado en un búfalo de agua. Así salió Lao-Tse de la frontera china y se perdió en la eternidad de los tiempos y la infinitud de los valles, más allá del mundo conocido.

Siento una conexión muy profunda con Lao-Tse; su historia y sus enseñanzas me llegan al alma. El más sabio de los hombres renunció a los títulos y cargos eméritos y, montado en un búfalo de agua, emprendió la búsqueda de la libertad.

Nos regala muchas enseñanzas, pero hay una que quiero resaltar y es que podemos pasar una vida acumulando el conocimiento y construyendo la sabiduría, pero además tenemos que ser libres para experimentarla. Solo cuando el conocimiento se vuelve sabiduría, y cuando la sabiduría se vuelve vida, nosotros podemos aspirar a la iluminación.

El Tao

Para nuestra filosofía occidental, demasiado atrapada desde la Revolución Industrial y el pensamiento científico, es difícil entender el Tao y sus características. Tao significa "vía". Es la vía de la totalidad, de la unidad, de la comprensión de la esencia de las cosas.

En la visión occidental queremos que la tierra produzca cinco cosechas por año, o seis o siete. Entonces sometemos a las lechugas a los invernaderos para que produzcan como máquinas, engañamos a las gallinas obligándolas a soportar una luz artificial para que pongan más huevos. Somos aberrantes haciendo estas cosas.

A los niños les imponemos una estimulación hipertemprana desde que son concebidos, y a los dos años saben ya un montón de cosas, pero no han madurado en su parte esencial.

Toda esa aceleración va llevándonos poco a poco a forzar los ritmos y tiempos de la vida, a tener adolescentes cada vez más jóvenes y adultos que no logran madurar ni al paso de cuarenta o cincuenta años.

Somos una sociedad "desarrollada" en la tecnología, pero muerta de angustia y estrés. El otro lado de la moneda es el Tao, que nos enseña que "por más fuerte que el campesino jale la zanahoria, no logrará que esta crezca más rápido". Esta expresión sintetiza mucho del opuesto: quiero que mi niño sea maduro, que mis músculos se pongan grandes pronto, quiero generar un negocio millonario en tres meses, necesito aprender una disciplina espiritual en dos horas.

Sin embargo, aunque hacemos todo y forzamos, somos derrotados una y otra vez frente al poder de los procesos y los ciclos.

El Tao dice que la zanahoria debe tener un tiempo para hacerse zanahoria, a la mujer le lleva un tiempo convertirse en mujer, el hombre tiene que cumplir un proceso para ser hombre y el amor cumple un ciclo para transformarse en amor.

El Tao nos enseña, entre muchas otras maravillas, el principio universal del *Wu Wei* que nos dice: "Vivir con dificultad nos impide estimar la vida, en tanto que vivir con simpleza y aceptación nos lleva a apreciar la vida".

Por eso te pregunto: ¿cuántas dificultades hay en tu vida? Y de estas, ¿cuántas has creado tú mismo? ¿Cuántas cosas que no son problemas las convertimos en problemas? ¿Cuántas experiencias que no son conflictos las llevamos a transformarse en un conflicto? Entonces, no es solo vivir con dificultad, sino apegarnos a la dificultad, volvernos adictos a los problemas, no ser capaces de vivir sin estrés o sin la creación de experiencias desagradables.

Ve más adentro y date la oportunidad de revisar estas preguntas, de compartirlas y analizarte mientras lo haces. Cuestiónate de una manera honesta: ¿qué tan adicto eres al conflicto? ¿Qué tan habituado estás a gritar, a pelear, a enfadarte por las mismas cosas que no tienen solución? Es tu responsabilidad observarte y no juzgar a los demás. ¿Cuánto te gusta y qué tan acostumbrado estás a focalizarte en el juicio, la crítica, el error tuyo o el de los demás?

¿Has notado que los noticieros y medios masivos de comunicación casi no transmiten o publican noticias positivas? Esto es simple: lo positivo no se consume, no está de moda. Nos gusta la nota roja, la amarilla, el conflicto, la sangre, la muerte. Somos, poco a poco y sin darnos cuenta, entidades cada vez más resonantes de violencia y tragedias que de paz y serenidad interior.

Por tanto, sería válido preguntarnos: ¿qué carambas estamos haciendo con la vida? Al consumir conflicto y violencia desde que somos pequeños, tragedias y dramas desde la más tierna infancia, aprendemos que las relaciones son pleitos, que la abundancia se gana con lucha y pisando a los demás, que el éxito es el objetivo único y, peor aún… ¿cuántos de estos hábitos de lucha enseñas y heredas a quienes te rodean? ¿Qué tan a menudo abres la puerta de la habitación de tus hijos y esperas que esté desordenada para gritarles por la mañana? ¿Qué tan frecuentemente miras impaciente el reloj, deseando que tu cliente o tu socio se retrase tres minutos para crear una pelea? ¿Cuán a menudo sucede que, en tu vida, la hora de la comida es una guerra campal? ¿Cuánto tiempo esperas para tocar el claxon a la persona que conduce muy lento su auto y que va frente a ti al cambiar el semáforo? ¿Cuántos minutos puedes mantenerte en paz, sin consumir ni acrecentar las luchas, los conflictos y problemas?

Tenemos tantos hábitos de lucha, de caos, de pelea que tal vez no los vemos. Se han vuelto tan allegados a nosotros que forman parte del inconsciente. El hábito de conflicto no es solo gritar y hacer berrinche; hay gente que es silenciosa y por dentro trae una batalla campal. Hay personas muy calladas que ejercen la violencia pasiva, quienes no dicen nada pero están viviendo una hecatombe interior. Algunas sonríen, son dulces y educadas, pero su mente está llena de los más terribles pensamientos. Tenemos que aprender a vernos porque, mientras no nos hagamos cargo de eso, seguiremos repitiendo y viviendo en un mundo marcado por el conflicto.

De una manera esclarecedora, quiero que te preguntes: si en mi mente hay conflicto, ¿qué voy a generar? Si en mi corazón existe rabia, ¿con qué voy a resonar? Si la mayoría de mis actos van envueltos en la lucha, ¿qué tipo de karma sembraré?

Las leyes universales nos sirven para guiarnos hacia lo que sí queremos vivir, pero también para alejarnos de lo que no deseamos seguir haciendo.

Cuando planeamos un viaje o un negocio, cuando vamos a una comida o al encuentro de una experiencia, hay personas que van llenándose de pensamientos como: ¿y si la comida está mala? ¿Y si la gente con la que voy me cae mal? ¿Y si quieren abusar de mí? ¿Y si tengo que defenderme? Entonces, sin darse cuenta, van almacenando conflicto tras conflicto, preparándose, resonando y generando esas experiencias de vida.

También hay gente que lo hace al revés, ocupando el *dharma*, diciendo: "Vamos con alegría, que fluya lo mejor, que ocurra lo más bueno para todos, que el bien mayor impere". De esta manera tienen una experiencia totalmente diferente. Recuerda que la vida no se aprecia en la dificultad. Si estamos siempre en la dificultad, podremos mirar solamente el conflicto.

Cada vez que mando mensajes, que transmito por redes, que doy una conferencia o hago un retiro me centro en que las personas aprecien la luz, la tarde, una flor, el cielo y la calma. La mayoría dice: "Qué flojera, qué aburrido, pero si ya lo sé". Son muy pocos los que son capaces de realmente deshacer el estado habitual de queja y conflicto y adentrarse en la consciencia, generación, resonancia y *dharma* de la belleza, la gratitud y el presente.

Para conocer realmente una filosofía, para adentrarte en la cosmovisión y la cosmogonía de un mundo espiritual, es necesario ir a sus fuentes. Por eso me siento tan agradecido de haber descubierto el budismo recorriendo Nepal, la India, el Tíbet, Tailandia y Myanmar, de haber comprendido el zen en templos del Japón o la tradición del antiguo Egipto en sus templos y pirámides.

Tuve la oportunidad de descubrir el Tao en Vietnam, que es un país de fuerte influencia taoísta, quizá la nación en donde el Tao está más vivo en el mundo. No solo fue el Tao sapiencial, sino el del conocimiento de la vida: estar sentado allí en las pequeñas cascadas, en los inmensos arrozales, en los lagos donde surgen las flores de loto; observar a sus campesinos y el milagro del arroz. Estando en Vietnam, meditando en ese lugar, comprendí el espíritu del Tao. Fue muy impactante darme cuenta de los campos sumergidos; los arrozales se inundan de una manera impresionante y poco a poco, sin que nadie libere el agua, la tierra se encarga de absorberla, día tras día, con una pausa y un ritmo perfectos, hasta que finalmente se consigue que emerja el arroz. Es un milagro y una señal —o al menos lo fue para mí— del sendero del Tao: permitir que las cosas pasen, dejar que la vida surja, confiar en que el universo mismo sabe cómo crear una realidad extraordinaria, hacer lo que toca y luego dejar que el agua, el clima, la tierra y las fuerzas completen el trabajo. Ahí, con los pies mojados y los ojos llenos de belleza, el Tao se desveló para mí, sin palabras, sin textos, sin maestros, solo Tao, todo Tao, yo Tao.

El Tao es la vía o el camino. Se dice que aquello que puede ser expresado no es Tao; que el Tao habita en el silencio, más allá de las ideas y los pensamientos. Una de las formas más poderosas de donde se extrae el Tao es la naturaleza. En la naturaleza encontramos los principios taoístas: el orden, el ritmo, la paz, la cooperación, el flujo. Los principios esenciales del Tao están a simple vista cuando caminamos por un bosque, cuando navegamos por un océano o nos introducimos entre las colinas de un gran sendero.

Todo aquello que existe en la naturaleza de forma espontánea y esencial es Tao, y nuestra vida debiese, según esta visión, centrarse en el aprendizaje de la naturaleza. Surgen algunas preguntas: si todo es aprendizaje en la naturaleza, ¿por qué hay huracanes, terremotos, tormentas y catástrofes naturales? Pues, aunque nos parezca difícil de entender, ese "aparente" caos es necesario y forma parte de la vida, obedece a un orden superior, al principio de unicidad. Los huracanes y los terremotos tienen ritmos, aunque no lo vemos, y siguen patrones estructurados y armoniosos, a pesar de que, desde nuestra percepción, son destructivos. La naturaleza tiene contrastes.

Así como hay flores, existe lava volcánica, del mismo modo que hay animales lindos y dulces. Un león se come a las cebras, un tiburón engulle a los peces pequeños y esto también es la naturaleza. No es simplemente un campo de flores violetas; también puede ser la devastación de un incendio y, sin embargo, por complejo que nos parezca, hay un orden subyacente y jamás un conflicto. Existe una coherencia total en el cielo cuando llueve, en la nieve al caer, en el océano cuando se mueve y en los vientos al soplar.

En la naturaleza no hay conflicto. Aun si viene un ventarrón y va a arrancar las ramas del árbol, este no se queja y dice: "Qué injusto es el aire que solo viene sobre mí". Tampoco el viento va con ego diciendo: "Voy a atrapar a ese árbol y lo destruiré". Porque para que exista conflicto, debe haber ego. La naturaleza va más allá; entra en la consciencia de unicidad.

El principio de *Wu Wei* es, sin duda, una enseñanza de espiritualidad superior que nos muestra cómo vivir en simpleza y aceptación, renunciando a la lucha, al apego y al conflicto.

Wu Wei no tiene traducción perfecta al castellano pero, según he podido entender, se refiere a "Dejar que sucedan las cosas sin poner resistencia".

Así, el sol inicia el recorrido en su diario tránsito por el cielo, las plantas crecen sin que nadie las estire, los vientos soplan sin que los apure nadie por detrás con un reloj. El Tao es contundente frente a nuestra visión arrogante. Nosotros pensamos: "Es que si yo no someto a la lechuga a la temperatura que debe ser, no va a crecer". Y Tao responde: "¿Qué dices? Las lechugas han crecido miles de veces sin que ningún ser humano intervenga. Ellas seguirán creciendo sin ti. Tu arrogancia y tu ego te hacen creer que tú, ser humano insignificante, eres capaz de hacerlas crecer".

El viento va adonde quiere. Y nosotros pensamos: "Es que yo voy a hacer un sistema para bloquearlo o obligarlo a que vaya adonde yo digo". Y el Tao responde: "¿Cómo crees tú que puedes modificar el viento? Si este es más viejo que tú y encontrará la manera de seguir su camino". Las aguas funcionan antes que nosotros y seguirán fluyendo mucho después de que nos hayamos ido, porque el universo, la naturaleza y la vida son más grandes que nuestros actos de inmensa arrogancia.

Según el *Wu Wei* debemos renunciar a las batallas, a los esfuerzos, a la lucha. Cuando entramos en esta resonancia, hay un flujo acompañado, un movimiento de interacción entre tu deseo y el deseo del universo; hay una danza en lugar de un conflicto.

El *Wu Wei* nos cuenta constantemente el valor que tiene aprender a cocrear con la vida y el valor que tiene aprender que tu intención y la intención del universo se vuelvan una misma. En el principio de generación la energía es tuya; tú la generas para que algo ocurra. En el *Wu Wei* tú apenas pones una parte y confías en que el universo hará el resto. *Wu Wei* es la asociación de tu deseo con el gran deseo universal; es compenetración entre tu espíritu y el gran espíritu del cielo.

De esta manera podemos decir que, mientras en la vida común nuestra mente actúa sola y con aparente independencia, en el

Wu Wei entramos en contacto con una mente creadora. Significa que, en lugar de estar centrado en tu arrogancia egóica, pides a Lo Superior, rezas, oras, ofreces, te inclinas frente a eso que es grande y, en lugar de ser un arrogante enano, entras en contacto profundo con algo grande. Eres tú asumiendo que la vida pasa. Eres tú creyendo que las fuerzas del universo pueden trabajar a tu favor. Es tu ser recordando que es parte de la unidad, de la totalidad, del todo.

Vamos a hacer un poco de introspección: ¿cuántas veces te has resistido a grandes oportunidades que la vida te ofrece? Hablo de casos como:

—Yo nunca en la vida voy a salir con una persona de baja estatura.

—Yo nunca voy a pedir un crédito.

—Yo juro solemnemente no visitar tal o cual país.

—Yo, pase lo que pase, no voy a estudiar chino.

¿Cuántas veces, en nuestra arrogancia, suponemos que somos más sabios que el universo? Y en muchas, muchas ocasiones nos hemos encontrado con la persona de baja estatura, hemos solicitado el crédito, visitado un país que no pensábamos conocer y ha resultado maravilloso.

Wu Wei dice que, en lugar de que tú creas que tienes el control sobre tu vida, mantengas una postura abierta a permitir que el universo actúe a tu favor. Quiero que vayas más adentro y vuelvas a preguntarte: ¿cuántas veces me he resistido a leer un libro, a tomar un curso o a realizar un viaje y después, al hacerlo, descubro que fue algo increíble? ¿En cuántas etapas de mi vida he decidido no participar en una experiencia y, sin embargo, esta podría haber sido un gran regalo? Quizá decidiste cerrarte las puertas del conocimiento o la sabiduría y, no obstante, cuando las has abierto, aun en contra de tu impulso egóico, has descubierto experiencias superiores y sublimes y ha llegado a ti un conocimiento y una comprensión que de otra manera no hubieras alcanzado.

Imagina a los árboles como grandes maestros del Tao; ellos son impresionantes. Van creciendo y nutriéndose de la tierra. Al hacerlo, son generosos porque van encontrando una posición para que todos puedan alcanzar la luz; incluso tuercen sus ramas para alimentarse del vital reflejo que da el padre Sol.

Los árboles grandes van dando espacio a los pequeños para que puedan ocupar sus lugares. No están luchando uno contra otro ni peleando contra el otoño o la primavera. Al contrario, entienden que somos parte de un todo y que el árbol viejo tarde o temprano tendrá que ceder su sitio a uno más joven, y que este respetará la autoridad del viejo sauce y poco a poco encontrará su espacio en el mundo.

Los árboles se comunican, danzan y fluyen, y cuando toca que el viento fuerte se lleve sus hojas, las sueltan, no entran en el conflicto de la lucha; se despojan. Y cuando vienen los tiempos bellos, y las hojas y los frutos se dan en abundancia, el árbol lo permite.

En cambio nosotros, en nuestra ignorancia, acabamos luchando contra todo lo que es distinto, juzgamos lo que es diferente, debatimos con posturas porque nos resultan como una competencia. Le damos demasiado valor a lo "mío"; sentimos que hay una frontera entre lo mío y lo tuyo; pocas veces sentimos lo "nuestro" o lo "de todos"; tenemos una visión muy egocéntrica de individuos, de razas o de especie:

—Nosotros, los japoneses, somos mejores.

—Nosotros, los Testigos de Jehová, tenemos la verdad.

—Nosotros, los altos, somos más hábiles.

—Nosotros, los ingenieros, somos más inteligentes.

Y desde esta manera de pensar colapsamos el principio de unicidad.

Te comparto una de las más poderosas preguntas de este libro y que mi enseñanza contiene: ¿cómo sería tu vida si por un momento soltaras y dejaras de controlar?

Yo sé que nos da miedo. Nos educaron para ser eficientes y controladores, para resolver, para ser proactivos, para hacer, hacer y hacer. También nos educaron para frustrarnos y apegarnos, para vivir comparándonos con los otros, para sentirnos constantemente agobiados por no llegar a una meta que, estoy seguro, nos han implantado y hemos aceptado como inalcanzable.

Peleamos todo el tiempo por ganar una carrera, por tener un auto más rápido, un abdomen con más cuadritos o una enseñanza de yoga más elevada. Hay un montón de luchas que están pasando fundamentalmente por nuestra cabeza.

Fuimos aprendiendo que la vida y nuestra historia son un conflicto. Que tiene que haber víctimas para que otros progresen. Que debe haber buenos y malos. Que necesitamos vencer a otros para imponer nuestros ideales. Esto no tiene que ser así. Quizá la vida plantea desafíos, circunstancias complejas, pero eso no significa que tengamos que resolverlo todo en el conflicto y la lucha. La enseñanza del *Wu Wei* dice que la vida puede ser flujo, que puede ser un movimiento sincrónico, que podemos confiar en soltar y dejar que la Gran Sabiduría actúe.

Estoy seguro de que algo en tu interior resuena, que te hace sentido la posibilidad de a veces aplicar el principio de generación y en otras circunstancias dejar que el flujo inagotable y el movimiento perfecto actúen para ti.

También sé que hay algo en tu ego que se asusta, que siente miedo de dejar que las cosas ocurran porque el control, que es viejo, fuerte y grande se aterra ante la idea de no ser tan importante, pero te invito a que te plantees de forma muy reflexiva las siguientes preguntas:

Ley universal VI: Principio de *Wu Wei*   163

¿Cuántas cosas creías que eran devastadoras? Que no podrías salir adelante si te divorciabas, que era imposible encontrar un trabajo tan bueno como el que tenías, que nunca más volverías a amar luego de tanto dolor.

También pregúntate: **¿cuántas veces pensaste que lo que te estaba ocurriendo era lo peor de la vida? ¿Cuántas ocasiones creíste que era el fin, que no habría mañana y, sin embargo, las cosas fluyeron y se acomodaron?**

¿Cuántas de estas cosas difíciles que viviste, al mirarlas transcurrido cierto tiempo terminaron siendo grandes regalos o enormes aprendizajes para ti?

Puedes darte cuenta de cómo nuestros planes, nuestras fantasías infantiles, nuestras ilusorias ideas de que tenemos el control provienen del ego. ¿Te imaginas a quienes migran por la guerra o por un conflicto, perdiendo de un día a otro sus casas y bienes y teniendo que ir no adonde ellos elegirían, sino adonde se les ofrecía una oportunidad, al destino de un barco a punto de zarpar, o simplemente a donde los llevara la vida? Estoy seguro de que muchos habrían tenido treinta o cuarenta mejores planes que abordar ese tren, ese avión o ese barco hacia un país desconocido. Tuvieron miedo, sus vidas cambiaron, pero lo hicieron. Muchos de ellos llegaron a un lugar maravilloso donde pudieron sembrar y realizar lo que en su espacio original habría sido imposible. Y muchos migrantes encontraron la luz y la fuerza que nunca hubieran avistado desde el sitio de donde provenían.

Hay personas que se aterran de solo pensar que sus hijos no cumplan con los planes que diseñaron para ellos y, sin embargo, en ocasiones sus hijos siguen su propio camino y logran tener una vida extraordinaria. Por ejemplo: "Jamás hubiera querido que mi hijo se fuera a vivir al extranjero pero, al hacerlo, se casó con una mujer maravillosa y me trajo un nieto que hoy adoro con el corazón. Vive una vida mejor que la que yo imaginé, y en parte fue porque no aceptó mi control y el deseo que yo había trazado para él".

Tenemos que aprender a soltar un poco la soga, a darnos cuenta de que no necesariamente somos tan inteligentes como creemos, que hay algo superior a nosotros y que podemos abrirnos a sus opciones que para nosotros resultan inimaginables.

El *Wu Wei* no es inutilidad. No se refiere a ser como un saco de papas y a ponernos ahí para que la vida haga lo que quiera. El *Wu Wei* no es negligencia ni abandono, tampoco tirarse en una hamaca. *Wu Wei* es comprender que a veces me toca hacer y hay otras muchas en que lo mejor que puedo hacer es dejar de hacer.

Si, por ejemplo, hay una oferta de trabajo para ti, tienes que hacer todo lo que esté de tu parte para que te lo den: manda tu currículum, ve a la entrevista, prepárate; pero luego, suéltalo.

Si tienes ganas de irte de viaje, planéalo, busca boletos, pero si no los consigues, déjalo ir. Algunas veces los boletos llegarán y en otras muchas las puertas se abrirán cuando tú dejes de insistir. Y quizá te preguntarás: ¿cómo se van a abrir si no insisto, si yo, con mi gran ego gigante, no hago nada? Pero recuerda que a veces se abren porque hay un universo infinitamente grande trabajando por ti. A veces el universo tiene el mejor camino y nosotros, en nuestros impulsos o ignorancia, rompemos o limitamos la posibilidad de que ocurra lo mejor que la Gran Mente Cósmica ha diseñado para nosotros.

Algunas ocasiones nos pasan cosas que son maravillosas, pero no permitimos que se expresen y expandan, porque las juzgamos mal y nos rebelamos contra ellas. Estoy seguro de que has comprado libros sin saber muy bien por qué, y los tuviste allí arrumbados en un rincón. Así pasaron meses o años y de pronto, al abrir uno de ellos, te ha dado la respuesta más perfecta, aun cuando lo adquiriste cuatro o cinco años atrás. Es justo en el momento en que lo hojeas cuando todo cobra sentido y te das cuenta de que el mensaje estaba ahí, esperando por ti.

Lo mismo nos pasa en la vida. Algunas veces tenemos la percepción equivocada de una injusticia. Sin embargo, quizás esa aparente injusticia fue un regalo, una bendición o el paso necesario hacia un plan mayor.

He escuchado a mucha gente decir: "Yo luché por mi matrimonio frente a una injusticia". Sin embargo, quizá gracias a que soltaste esa relación apareció una mejor oportunidad para ti, y descubriste que había un futuro más feliz y dichoso que el que habías soportado y luchado por mantener durante diez o quince años.

El conflicto estriba en que no nos da la visión para entender que los planes del universo son extraordinarios y que en muchas ocasiones nos toca dejar ir.

Hay una historia extraordinaria del *Wu Wei* sobre el permitir que las cosas sean. En Brasil había una empresa en la que trabajaba mucha gente de un pueblo. Todos los hombres de la localidad laboraban en esa industria minera. Había crisis y todos se aferraban a sus puestos; aparentemente no había nada más que pudieran hacer. Año tras año, a pesar del sufrimiento, del dolor, de las injusticias, de los bajos salarios, de los maltratos, de las enfermedades y la muerte, los mineros tenían tanto miedo a perder sus empleos que luchaban y se aferraban a ellos. Aun en las peores condiciones, ellos permanecían ahí. Cuando alguien era despedido, había llantos y súplicas; se resistían. Pero un buen día corrieron a alguien y en lugar de pelear contra lo inevitable, de luchar o aferrarse, lo aceptó. Tomó su dinero y decidió partir de ese trabajo. Poco a poco este hombre empezó a transportar al pueblo productos de ferretería. No tenía trabajo y su ocupación era moverse en un tren todos los días hasta una ciudad ubicada a dos horas y media, comprar clavos, martillos, cinceles, taquetes y pinturas y llevarlos hasta el pueblo para venderlos ahí. Día tras día, por meses y años, el hombre fue generando esta pequeña industria hasta que consiguió montar una ferretería.

Siguió transcurriendo el tiempo y su negocio creció. Al paso de una década, este antiguo minero se convirtió en un hombre rico, no solamente en su poblado sino también en su provincia. Ya no viajaba a una ciudad cercana, sino que importaba los productos de ferretería. "¿Cuál es el mérito de tu éxito?", le preguntaron. "¿Fuiste tenaz o persistente? ¿Tuviste un contacto extraordinario o una gran visión de negocios?". El hombre dijo: "No, solo acepté mi despido cuando fue el tiempo y seguí adelante. Si hubiera luchado por permanecer en lo conocido, sin duda continuaría siendo minero, como el resto de mis compañeros, o lamentándome por no serlo".

Si los que migraron se hubieran quedado en su pueblo, si aquellas mujeres que tuvieron que ponerse a trabajar hubiesen persistido en su vieja idea de ser personas dependientes, si los países hubieran permanecido aferrados a los antiguos imperios, si los huérfanos hubiesen seguido atrapados en su dolor, ninguno de ellos sería lo que hoy es.

Entonces, debajo de la idea de desgracia, de injusticia y lucha existe una posibilidad de aceptación, contraria a la percepción distorsionada que genera ignorancia. Es importante entender que en aceptar también hay grandeza, fuerza, inteligencia. En aceptar el flujo de la vida hay un gran poder y, algunas veces, simplemente dejar que la vida sea es mucho más poderoso que obstinarnos y pelear por lo que nosotros queremos o suponemos que debe ser.

Desde que tengo memoria fui diferente. Era evidente para mí que no encajaba en los patrones ordinarios. Toda mi vida fui un niño acosado. En la primaria quizás un poco menos, pero en la preparatoria, incluso en la universidad, sufrí *bullying*. Me hizo daño, me dolió mucho, la pasé mal, lloré, intenté defenderme de los demás luchando contra ellos. Luego cambié de posición, hice mis mejores esfuerzos por pertenecer y, sin embargo, nada bueno ocurría. Cuanto más me esforzaba por ser parte del grupo, más fuerte era el rechazo. Así es que, poco a poco, fui aceptando mi realidad y me aislé del resto. Permanecí en silencio, observando a los otros, con muy pocos amigos, siendo introspectivo. Al paso del tiempo esta postura me llevó a meditar porque, al no encontrar con quien hablar o jugar, iba hacia mis adentros para estar conmigo. Desde muy pequeño descubrí cómo reaccionan los seres humanos, aprendí sobre el dolor que infligimos a los otros y fui capaz de contactar con la compasión. No fue fácil, pero lo hice.

Al principio de mi historia la pasé muy mal, siempre tratando de cambiar mis "rarezas" para parecer normal, continuamente luchando por defender quien yo era o, en el extremo opuesto, haciendo todo por pertenecer a un entorno que simplemente no me aceptaba; pero cuando logré tener claridad y me reconforté sabiendo que era distinto, tomé un lugar diferente; así, mucha información fue llegando a mí. Conocí a pocas y maravillosas personas. Puedo decir que ese niño molestado que fue aprendiendo a ser empático y compasivo, observador y silencioso, atento y respetuoso me ha traído hasta aquí. Sin duda, sin soltar la expectativa de pertenencia, sin abandonar la lucha por defenderme y abrazando la aceptación de mis diferencias, me he convertido poco a poco en el hombre que soy. Hoy no podría estar escribiendo este libro ni compartiendo en los cursos, seminarios y talleres lo que tanto bien nos hace de forma espiritual, sin esas experiencias duras que he dejado atrás y que he tomado como un abono fuerte, aunque doloroso en su momento, que me ha permitido ser y florecer.

El *Wu Wei* nos enseña a hacernos conscientes de nuestros pensamientos; nos enseña que, algunas veces, después de la lucha solo queda un acto consciente, fluido y fácil. Nos muestra que a veces no necesitamos la lucha, sino simplemente soltar y dejar ir. Cuando entendemos el *Wu Wei* de forma natural, surge un deseo de entregarnos a un acto fluido y fácil, a una vida más simple, a un recorrido armonioso con nosotros mismos y en contacto con la totalidad.

El *Wu Wei* nos hace ver que la vida es una danza cósmica y no una imposición de egos, que podemos soltar y ver con asombro cómo la vida también está fluyendo a nuestro favor; nos hace saber que, en lugar de nadar como un salmón contra la corriente, podemos ir con el flujo extraordinario de las aguas y llegar al gran océano en calma, en aceptación y en paz. Tú decides si sigues creyendo que la vida es lucha, y entonces peleas con todo y contra todos, o si prefieres que el *Wu Wei* ilumine tu consciencia y tu corazón y aceptas que quizá, solo quizá, la vida es aceptación y flujo también.

Meditación final

Cierra por favor los ojos y medita en lo que está ocurriendo ahora con tu vida. Piensa en tus batallas presentes. ¿Quién es tu enemigo de la semana? ¿Cuál es tu conflicto del mes? En una mente limitada, todos los conflictos son justificados. Cruza esa mente limitada y permítete entrar en un estado más puro, más natural, más tranquilo. Inhala y exhala con suavidad, suelta tu cuerpo, respira en calma y observa tu vida desde una dimensión diferente. Imagina tu vida sin luchas, sin conflictos. Aléjate un poco y mira tu vida como si pudieras verla a través de una ventana. Observa desde la distancia tus conflictos, las batallas y los mismos problemas de siempre. Se repiten en cada lugar, solo que cambian de rostro, de nombre, de maquillaje. ¿Y si esto que estás mirando y que consideras un gran conflicto, una gran tragedia, un grave problema, fuese en realidad un requerimiento de la vida? ¿Y si esa situación que te resulta difícil, ese perdón que te cuesta dar, fuese simplemente un paso hacia un destino más dichoso? Respira, suelta tus miedos, suelta esa necesidad de controlar y fluye calmadamente.

Observa con claridad. A veces vemos conflictos donde no los hay o creamos luchas que no existen; a veces construimos enemigos que desaparecen cuando cambiamos nuestra percepción y nuestra consciencia. Voy a reformularte unas preguntas y quiero que viajen dentro de ti; por favor déjalas pasar, solo permite que fluyan en tu interior. Las preguntas son: ¿y si dejo de luchar? ¿Y si dejo de pelear? ¿Y si dejo que la vida haga?

Vuelve a mirar a través del cristal de la ventana y elige alguna de tus batallas más pequeñas; dile a una de esas muchas situaciones de conflicto, a una de esas luchas: "Dejo que seas".

Ahora imagínate por un momento si, en lugar de vivir en el conflicto, te permitieras, te regalaras vivir en la paz, ¿cómo sería si pudieses soltarlo? Esa es una posibilidad.

Haz cinco respiraciones tranquilas dejando que la respiración fluya sin esfuerzo. Respira porque puedes hacerlo desde la mayor paz. Haz un par de respiraciones suaves y al exhalar abre tus ojos.

*Todo fluye afuera y adentro; todo
tiene sus mareas; todas las cosas
se elevan y caen; la oscilación del
péndulo se manifiesta en todo.*

—EL KYBALIÓN

Capítulo

7

Ley universal VII: Principio del *ollin*

Debemos aprender a movernos en la quietud, a permitir que nuestros deseos y el universo se coordinen para darnos luz, para fluir con ella.

Cada uno de los capítulos que hasta ahora hemos leído nos ha ido mostrando una manera distinta de concebir y de pararnos en el mundo. La mayoría de los principios se complementa y cada cual, desde su propio origen, nos permite tomar las herramientas para vivir en este universo unificado generando las mejores pulsaciones, resonando con las posibilidades más armoniosas, comprendiendo el karma y haciéndonos responsables de las semillas que sembramos, cultivando una vía recta que traiga solo bendiciones *dhármicas* y, finalmente, dando un paso hacia la evolución, comprendiendo que a veces toca soltar y dejar que la vida haga *Wu Wei*.

En este capítulo nos corresponde adentrarnos en un principio que proviene de la tradición espiritual que más profundamente hace latir mi corazón: el chamanismo, un movimiento de quietud simbolizado por el *ollin*.

Me gustaría compartir contigo una historia personal. Cuando me adentré en el camino chamánico fue por un llamado. Un chamán de gran tradición me invitó a aprender con él. Fueron muchos los momentos que compartí con ese gran espíritu. Se volvió, sin duda, un referente y me mostró el gran caudal del chamanismo, una corriente fresca, poderosa y profunda que me cautivó por tres razones fundamentales: primero por la honestidad de la disciplina. El chamán no pretende fingir ni alzarse por encima de nadie, no tiene deseos inútiles de ego en superioridad espiritual con otros seres o criaturas. El chamán se muestra tal como es; permite que salga su luz y su sombra; reconoce en sí mismo tanto lo más sutil como lo más básico y bestial, y danza en armonía perfecta con todos los seres sintientes y conscientes.

La segunda cualidad del chamanismo que me atrapó fue la profundidad de la conexión mágica, entender que todo está dotado de vida, que los árboles tienen consciencia y una inteligencia espiritual, que podemos sentir, aun desde la tierra, el pulso de las estrellas, que podemos conectar con las señoras del mar y del río, con el padre Sol y el señor del viento, que toda la creación está dotada de vibración e información. Aprender a conectar con ese plano invisible me resultó fascinante porque, quizá por mis dotes de vidente, aunque percibía a todos estos seres, no fue sino hasta que aprendí chamanismo que logré comprenderlos en realidad y pude establecer vínculos de ida y vuelta, una verdadera relación de cariño y respeto, un diálogo con el mundo invisible.

El tercer elemento que completó mi incesante búsqueda de un camino espiritual que fuera coherente con quien yo soy fue la alegría. En el chamanismo se defiende el placer, la risa. Se cree que la alegría es una fuerza espiritual tan importante como el amor o la paz. Se celebra el color, lo espontáneo, se canta y se baila, se puede jugar y volver a la seriedad, se puede disfrutar de la comida, compartir una canción, alegrarse con una poesía, perseguir una mariposa y todo mientras se está experimentando la espiritualidad de una forma bella.

Así es que pudiera resumir que mi experiencia con el chamanismo fue un encuentro con la honestidad y la esencia, la magia y lo trascendente, la alegría y la vida.

La primera vez que escuché los conceptos que luego se volverían parte de mi propio ser no pude integrarlos. Crecí en un entorno distinto del de la mayoría de los chamanes que nacen entre gente que ha estado por generaciones en contacto con la naturaleza: en montañas, ríos, lagos; lugares cuyos entornos con las raíces ancestrales de la tradición le dan forma al "Camino Rojo", como también se le llama al chamanismo.

Cuando me adentré en la experiencia de la iniciación chamánica todo me resultaba tan distante, tan ajeno, tan fuera de esta realidad. Era como un cuadro surrealista en el que yo entraba y, aunque me llamaba y me parecía fascinante, no tenía con qué encajarlo en la historia, tanto social como psíquica, en la que había crecido.

Poco a poco fui descubriendo que el chamanismo profundo no es solo conceptual, sino que tenía que volverse parte de mi cuerpo, asentarse en mis palabras y vivir íntegramente ligado a mi corazón. Aprendí el chamanismo en las montañas de Chiapas, en las sierras de Jalisco y Zacatecas, en las selvas de Yucatán, en las montañas con los apus peruanos. Fui descubriéndolo en la nieve canadiense y después se volvió tan natural que, una vez que pude verlo en todos los sitios adonde he ido, me he encontrado con él, con su espíritu, con su presencia.

La primera vez que escuché el concepto del *ollin* me pareció muy abstracto, pero quiero contarte cómo es que pude comprenderlo.

Cierto día me encontraba yo con mi maestro en lo alto de una montaña. Estando ahí, percibiendo el valle, en la hora mágica que es el atardecer, cuando la luz del día y la noche comienzan a interactuar, me dijo: "La vida canta". En un estado de total consciencia y plenitud comencé a escuchar el sonido suave que hacían las nubes en el cielo; percibí por primera vez a las montañas cantando. No era un sonido del viento, era un canto que provenía de aquellas altas cimas; luego percibí, como si fuese un mantra lejano, a los árboles de diferentes especies haciendo como un arrullo de una canción de cuna. Escuché a la tierra sonar grave como un tambor, al agua pronunciar palabras que no podía entender, pero que intuía que estaban allí, y me resultó fascinante oír el canto del mundo, sentir que todo estaba vivo y en perfecta armonía. Era como una pequeña orquesta en donde el sonido que emitía cada ser de la creación, aunque diferente del resto, era orgánico, sincrónico, como algo que combina de forma totalmente natural.

Percibiendo esta música me enseñaron que todo en el universo tiene un ritmo perfecto, que hay un gran canto y que cuando tú consigues sumarte a él, cuando logras integrarte con ese canto, puedes volverte parte de él. Recuerda un poco al principio de unicidad pero, a diferencia de este, tú puedes hacerte parte del sonido del mundo y permitir que tu cooperación se sincronice como un gran coro y colabore con la música mayor.

El *ollin*, se me explicó entonces, es un ritmo, un pulso que nos conecta con lo creado o con los deseos. Si, por ejemplo, quieres descubrir o encontrar el amor resonando y haciendo los procesos *dhármicos*, puedes acercarte a él pero, sin duda alguna, si no encuentras esa coherencia de ritmo de cuándo y dónde buscar el amor, de qué etapa es propicia para amar, de cuándo tú estás en el momento preciso para acercarte a alguien más, el amor vendrá entre trompicones y conflictos y no de la manera perfecta.

Voy a ahondar un poco más en este ejemplo. Para que el amor se dé no basta con que un lado de la relación de pareja se enamore; a veces tú lo estás en gran medida, pero el otro no te mira; tú puedes estar con grandes deseos y las mejores intenciones, pero simplemente, aunque quizá sea tu momento, no es el del otro. Puede ocurrir a la inversa: la otra persona siente ganas de estar contigo, pero tú andas distraído o enredado en una relación tóxica con alguien más. El amor no ocurre sino hasta que ambas partes coinciden.

A veces a uno le toca esperar; quizás al otro le corresponda dejar y soltar para abrirse a amar, pero es solo cuando ambas partes se abren que en realidad el amor, profunda y auténticamente, puede brotar. Si eres demasiado joven y quieres un amor serio, tendrás que aguardar un poco a encontrar el ritmo, tu tiempo, la etapa de tu vida que te permita conectar.

Yo estoy convencido de que algunas parejas funcionan porque se conocieron en el momento perfecto y no antes. Quizás esta relación maravillosa que tienes con un hombre de edad avanzada o con una mujer adulta de 50 años hubiese sido imposible cuando tú y la otra persona contaban solo con 15 años. Hubo que esperar a veces una separación o un divorcio, pérdidas incluso, para que ambos pudiesen resonar y encontrar la sincronía de sus tiempos individuales, para gestar una verdadera relación de amor.

Hay un momento perfecto para todo. Hay tiempo para dejar ir, para la intensidad y la pasión, para el silencio, para estar contigo y para compartir con la persona amada. Hay un tiempo para estar y otro para no estar; un tiempo para apretar y atraer, y otro para liberar y permitir que el amor se oxigene.

Entender estos tiempos, estos ritmos, esta sincronía perfecta, eso es comprender el *ollin*.

Volviendo al relato de la montaña con mi mentor, el mundo siempre está cantando para nosotros; a veces su canto para ti es: "Ahora es tiempo de producir y trabajar, de construir tus sueños". Si tú escuchas ese canto, entiendes que es tu etapa y te sincronizas con esa energía, estoy seguro de que todo va a ir bien.

Pero luego el canto de la vida cambia y te dice: "Ahora es tiempo de gratitud, de silencio e introspección". Si tú no oyes el canto y sigues trabajando afanosamente buscando notoriedad, ya no encontrarás tanto éxito, porque ha cambiado el tiempo, pero tampoco vas a poder disfrutar de escuchar tu propia voz interna.

Lo importante es reconocer que la vida está marcándonos tiempos para avanzar, para crear y soñar, y tiempos para recibir y honrar lo mucho que nos llega. Así como hay tiempo de vacaciones, de vigilia, de embarazo, de atención, de ejercicio, debemos aprender a comprender que hay tiempos de paz y búsqueda; tiempos para explorar y asentar; hay un tiempo para comer y otro para digerir, y un tiempo para vaciar y limpiar; otro para tener hambre y uno para beber agua. Cada proceso en su tiempo es perfecto. El *ollin* es el principio que nos dice: "Escucha el sonido del mundo, encuentra el ritmo y tu tiempo perfectos para poder vivir, para poder hacer". En la tradición chamánica se nos enseña como un movimiento pausado y tranquilo, como un movimiento de quietud.

Del mismo modo que cuando tú miras al cielo, las nubes se mueven constante y serenamente. O cuando percibes el caer del agua en una cascada; nada detiene su vertiginoso descenso. No hay prisa, nadie acelera, nadie baja la velocidad, es un tiempo perfecto. Cuando tienes la fortuna de ver a un felino correr en libertad, descubres cómo su movimiento, aunque es veloz, lleva un ritmo perfecto. Cuando contemplas a la luna avanzar por el firmamento, percibes cómo su desplazamiento es incesante y pausado. Eso también es *ollin*.

Nuestra labor es encontrar primero nuestro llamado, saber qué música nos está tocando el universo ahora, cuál es el ritmo que debemos tomar y luego reconocer nuestros tiempos interiores y hacerlos coincidir; como en un gran baile, una gran danza, en donde la música, los pasos, el entorno y el latido del corazón se mueven todos en perfecta sincronía.

Querido lector, hemos avanzado mucho en este libro. Puedes observar en qué tiempo de tu vida estás leyendo este principio esencial y para qué te sirve el *ollin* justamente en este momento de tu existencia. Si tú observas, quizás hubo guiños del universo hablándote y, mientras leías sobre la generación, algo en ti necesitaba escucharlo. Y cuando aprendiste sobre el *dharma*, tal vez alguna conducta o comportamiento tuyo se rectificó. Ahora que estamos hablando de la música del mundo, me gustaría que te detuvieras un instante a preguntarte: "¿De qué trata mi vida ahora? ¿Cuál es el movimiento correcto que debo hacer? ¿De qué es tiempo para mí?" y que internamente te permitas observar de manera profunda cómo hay algo en tu interior, una suave brisa a la que puedes acudir para reconocer tu propio ritmo en la Gran Melodía del universo.

Hace unos años tuve la oportunidad de viajar a Japón con mis alumnos. Dentro de las muchas tradiciones espirituales de ese bellísimo país se encuentra el zen.

El zen es un sendero espiritual que nos permite reflexionar y comprender el *ollin*, el tiempo, la armonía y la belleza. Dentro de esta tradición hay poemas que son bellos y profundos, poemas que tienen gran significado. Hoy quiero compartir contigo este poema que recuerdo muy bien haber citado en los bosques de Nara en el Japón milenario. Deseo que leas este poema, que lo saborees y aprendas a recitarlo encontrando sus pausas al leerlo, viviendo cada imagen y comprendiendo desde el alma la inmensa belleza y el perfecto ritmo, tanto implícito como explícito, que estas líneas guardan entre sí.

Dice así:

> En primavera cientos de flores,
> en otoño la luna de la cosecha,
> en verano una brisa refrescante,
> en invierno nos acompaña la nieve.

Si eres capaz de adentrarte en la profundidad de este pequeño fragmento descubrirás que cada etapa tiene su ritmo; que es inútil que las flores de primavera quieran expresar sus mejores colores en el invierno; que es ridículo que el otoño trate de retener las hojas o que el verano coloque una sombrilla gigante para ocultar la brillante luz del sol.

Asimismo, en nuestra vida tenemos que aprender a observarnos y descubrir cuántos pequeños movimientos están dándose de forma simultánea. Aprende a preguntarte: ¿de qué es este tiempo? ¿De callar o de expresar mi opinión? ¿Es prudente que ahora salga o mejor permanezco adentro? ¿Es momento de comer de más o debo mesurarme un poco? ¿Es un tiempo de poder o es uno de humildad? Si tú lo tienes presente, irás encontrando cada vez con mayor flujo y facilidad que la vida y tú están cooperando en una gran creación.

A quienes lo practicamos, el chamanismo nos enseña a escuchar estos cantos; aprendemos a entender cuando el universo nos pide: "Avanza" y también cuando nos dice: "Brilla", pero es necesario reconocer cuando se nos ordena: "Para". La naturaleza nos habla.

Una luna nueva nos dice que es tiempo de inicio y la luna llena que es de brillo. Las mareas altas nos indican que son tiempos propicios para navegar y las bajas que hay que aguardar un poco. La lluvia nos cuenta acerca de buscar refugio y las mañanas templadas sobre caminar serenos. El piso mojado nos dice: "¡Cuidado, atención!" y las yerbas altas: "¡Mira bien por dónde pisas!".

Ahora amplía tu visión y nuevamente detente a reflexionar: ¿qué es lo que la vida está invitándote a hacer ahora? ¿Qué es lo que tú sientes que tienes deseos de vivir? ¿Coincide tu deseo con el ritmo que la vida está marcando para ti? Cuando eres demasiado joven y quieres vivir la vida de un adulto, algo termina ocurriendo que te muestra que hay desarmonía. No se ve bien a una joven señorita jugando a ser una mujer adulta, como tampoco a una persona de avanzada edad pretendiendo ser un chico rebelde. No estoy hablando de la maduración de una persona menor ni de la juventud que puede vivir un anciano; es simplemente el ritmo y el tiempo, la perfecta sincronía del espacio.

Siguiendo la revisión, date cuenta de cómo muchas de las cosas preciosas que tienes en tu vida han surgido en su tiempo perfecto. Si te casaste en un buen tiempo, eso se refleja en el amor y la duración de tu matrimonio; tu casa llegó en su momento perfecto. Quizá por muchos años perseguiste un trabajo que no se daba, pero tal vez supiste aguardar, aplicaste un poco de *Wu Wei* y dejaste ir o fuiste valiente, resonaste con él y ahora se ha manifestado en su sincronía más perfecta.

Hay que revisar constantemente cuando estamos enfurecidos y hacer consciencia de si en la furia es tiempo de pacificar, si realmente estando con el corazón roto vamos a estar abiertos a una posibilidad de reconciliación; si nuestro ritmo de prisa constante corresponde con la vida serena y sosegada que queremos vivir.

El principio del *ollin* nos dice que no podemos oponer resistencia a los tiempos; que si una relación no se da porque no es su tiempo, tenemos que aceptarlo con calma y esperar una nueva. Puede parecer similar al *Wu Wei*, pero hay una diferencia sustancial. En el *Wu Wei* tú confías en el movimiento de la vida, y en el *ollin* tú danzas con ese movimiento, estás escuchando los acordes y compases y esperas tu momento para entrar en el Gran Canto. No se trata, como en el principio de generación, solo de tu energía ni, como en el *Wu Wei*, de dejar que la vida actúe. El *ollin* es un punto intermedio; sé lo que tengo que hacer, pero acecho con cautela el momento preciso para poder hacerlo.

Todos conocemos historias de grandes atletas que se precipitaron y fracasaron; de hombres de negocios que arruinaron sus carreras por no haber esperado un poco más antes de salir al mercado; de temas musicales que hubieran sido unos auténticos *hits*, pero se adelantaron a su tiempo; o de artistas y genios que le hablaron con gran verdad a un mundo que simplemente no estaba listo para escucharlos. También, en el lado opuesto, hubo personas que aguardaron demasiado para dar un sí y terminaron perdiendo al sujeto de sus afectos, o de ideas que tuvieron que salir a la luz en un tiempo, pero se postergaron y se quedaron en el tintero, tanto que, cuando surgieron, ya no había quién las apreciara.

Imagínate que la vida está haciendo un gran canto o muchos pequeños cantos. Dentro de los ritmos del *ollin* hay tiempos; quizá sea un tiempo de amor, pero también de conocimiento. Tal vez la mañana es uno de actividad y la noche de reflexión. Probablemente la comida sea un tiempo de risas, pero la cena tal vez sea uno de pausas profundas.

Ahora tienes que aprender a reconocer qué es lo que el mundo te dice y cuál es tu lugar dentro de él. El *ollin* tiene una segunda faceta y es descubrir en dónde podemos colocarnos, en el tiempo que sea el preciso y perfecto para que todas las cosas fluyan en el mayor de los bienes.

Imagina una foto familiar. Tú eres un invitado o un buen amigo en esa imagen, tú reconoces que tu lugar quizá no sea el centro. Si eres prudente y tienes una mínima consciencia del equilibrio, sabrás dónde colocarte, pero si desconoces estas leyes y quieres todo el tiempo ser protagonista, terminarás produciendo desorden. La naturaleza y la vida misma se rigen con principios de orden y armonía. No pretendas tomar un lugar que no te corresponde; eso traerá caos. No tienes que ser hijo de tu esposa ni suegra de tu marido; procura no ser psicóloga de tus hijos, solo su madre. No eres amigo de tu terapeuta, sino su paciente. Hay que aprender a encontrar nuestro lugar en la vida y el momento justo para actuar; eso es grandeza y consciencia. Puedo asegurarte que, cuando lo haces, la vida te sonríe.

Pongo un ejemplo gracioso. Alguien va en invierno a un país muy frío, donde cae nieve. Cuando llega a ese lugar se pone unas bermudas, una playera ligera y unas chanclas, además de una gorra y unas gafas de sol. Sale del aeropuerto y se enfada porque hace mucho frío. Está realmente molesto, porque cae una pequeña nevada. ¿Quién está en el error: la nieve y el frío que aparecen en esa latitud desde hace milenios, o la persona que no entendió a dónde iba?

La vida es como es y somos nosotros los que debemos saber que tenemos que abrigarnos en el invierno y vestir ropa fresca en el verano; esto es *ollin*. Del mismo modo, si tú llegas a una casa que está recibiéndote amorosamente por primera vez y, en lugar de entrar agradecido y sonriente, ingresas a ella exigente y demandante, ocupando la cabecera de la mesa que le corresponde al jefe de la familia, inmediatamente obtendrás rechazo.

Entendamos que el *ollin* requiere un poco de sentido común, de observación y consciencia.

Quizá pueda serte útil preguntarte: ¿por qué la vida no me da lo que yo quiero? ¿Por qué cuando tengo ganas de enamorarme no aparece nadie? ¿Qué pasa, que cuando yo quiero ir en una dirección, la vida me manda señales para ir en la opuesta? ¿Y de qué depende que, cuando yo necesito abrir una puerta, la vida me la cierre? Tal vez no sea producto de tu mala suerte; quizá solamente se deba a que no estás leyendo bien el canto de la vida. Es esencial que dediques tiempo a reflexionar y entender qué es este *ollin* tan maravilloso.

He dispuesto cada uno de los principios en un orden para ir creando consciencia. Empezamos entendiendo que somos parte de algo grande, y luego que tenemos la energía para generar campos de creación en la realidad que experimentamos. Después descubrimos la fuerza de la resonancia para atraer circunstancias hermosas a nuestra historia. Luego pasamos por la responsabilidad del karma y enseguida a los actos; lo mejor a veces es no hacer y dejar que la vida haga. Este séptimo principio es un balance, un punto de equilibrio en donde necesitas aprender a escuchar al universo como un gran coro y a sumar tu voz en sincronía y orden, porque si logran confluir con el deseo superior, la vida completa se abrirá beneficiosamente frente a ti.

La palabra *ollin* es de origen náhuatl y habitualmente se traduce como "movimiento", pero no es el movimiento mecánico de una locomotora ni el complejo y torpe de un robot; es un movimiento de serenidad, como el de las hojas de un árbol que se mueven más rápido o más lento, siempre en paz. Es el movimiento del oleaje en el océano, el que hace una tortuga cuando se desplaza en el interior del agua. Es el movimiento de una gaviota cuando vuela.

Si observas bien, todos estos movimientos son sincrónicos, bellos, perfectos. Cada uno de ellos está en una interacción invisible pero perfecta con un canto superior. Observar a las ballenas nadar o a los cardúmenes envolverte es simplemente maravilloso. Ver cómo una tormenta de arena en el desierto va cubriéndolo todo, generando una pintura increíblemente bella, tapando el sol, es precioso en realidad. Incluso las tormentas eléctricas tienen un movimiento de perfección y simultaneidad. Ahora te toca a ti descubrir que eres parte de este movimiento, y tomar tu lugar en el tiempo perfecto.

¿Por qué nos cuesta trabajo encontrar el ritmo perfecto?

Hay un par de palabras que están trágicamente incorporadas en los seres humanos: ego y control. Cuando les damos cabida y nos metemos en esta espiral ardiente que crean, la vida se vuelve asfixiante y distorsionamos todo desde el ego y la sensación falsa del control; perdemos así el ritmo del mundo porque, en lugar de vivir lo que es, deseamos y luchamos afanosamente por imponer nuestra idea respecto de cómo deberían ser las cosas; y en vez de aceptar lo que está ocurriendo, buscamos recrear las circunstancias según dicte nuestro juicio.

Es como aquella persona que viaja con bermudas a la nieve y se enfada porque no hace sol, o como alguien que va a entrar en la selva y caminando en la espesura no soporta la idea de que hay mosquitos. ¿Qué esperaba encontrar en un sitio como ese?, ¿copos de nieve? Puede sonar irónico, pero es así. Hay personas que se embarazan y luego dicen: "Pero, ¡cuánto te cambia la vida un niño!". Y la respuesta es: "Evidentemente te la cambia".

Cuando estoy atrapado en el ego y el control, le digo al mundo que tiene que cantar la melodía que yo quiero, simplemente porque la quiero. Y el mundo responde: "No puedo hacerlo, porque mi canto no es solo para ti, porque yo coordino el canto tuyo y el de todos los seres". Y a veces nuestro canto está conectado con nuestros hijos, con nuestro trabajo y con nuestra misión de vida. No somos solistas; somos parte de un gran coro.

Amigo lector, sé que este es el momento perfecto para que tú comprendas estos principios. Ha concluido tu intención de aprender; esto es *ollin*.

Otra manera de entenderlo es en la cocina. Hay un querido alumno español que prepara unas paellas extraordinarias, pero la paella, como todo buen guiso de alta cocina, requiere su tiempo. Si tú le pides al arroz que se ponga en su punto más rápido que lo que puede, si quieres atizar más el fuego y subes la temperatura, no vas a conseguirlo. Si tú tienes el deseo de que los mariscos alcancen su mejor punto después del tiempo que requieren, se van a pasar.

Puedes estar frustrado, puedes enojarte, lamentarte y pelear, pero él me ha enseñado que una buena paella está lista a las dos, a las tres o a las cuatro de la tarde; la paella solo está lista cuando está lista.

Imagina que tus proyectos tienden a ser como una buena paella, que requieren encontrar su tiempo para fluir, para emerger, para que la vida y tú dancen en paz.

La humanidad primitiva tenía aún mayor contacto con las fuerzas de la naturaleza, y las leían mejor. Entendía que había lugares para vivir y otros donde no se podía.

En nuestro tiempo, hay gente que construye su casa en el lecho de un río o en el filo de una montaña que se deslava y, cuando esto ocurre, se enoja con la injusticia del mundo que la agrede personalmente, pero es incapaz de entender que el río regresará a su cauce y que la montaña va a desgajarse. Y no será culpa de la montaña o del río, sino de quien no entiende que hay espacios para estar y espacios para no estar.

A veces nos aferramos a una relación sin comprender que el tiempo de amarnos ya pasó, o nos obstinamos y quedamos pegados con un furor inaudito a un apego material, a nuestro cabello, a nuestra estructura de juventud, a lo alto que brincaba o a lo fuerte que pateaba un balón. Si no aceptamos que ese tiempo ya pasó y tomamos con gozo el nuevo tiempo, estaremos perdiéndonos en el ritmo de la vida y nos dejaremos atrapar por una paradoja de algo que no está ocurriendo o que quisiéramos que sucediera; de algo que simplemente terminó. Eso solo nos llevará a sufrir.

Una buena manera de ahondar más en este principio es que el niño disfrute de la niñez, el joven de la juventud, el adulto de la adultez y el viejo de la vejez; que puedas ser rebelde cuando es tiempo de rebeldía y ser prudente cuando es tiempo de prudencia; que puedas juguetear cuando así toca y también sepas navegar en la profundidad cuando sea el momento.

No tiene sentido precipitar los acontecimientos; al contrario, necesitamos reconocer los tiempos de afuera y los de adentro. Saber si tú funcionas mejor de día, de madrugada, en la tarde o si eres nocturno, como yo. Saber si a ti en invierno te viene bien el aire o te lastima la garganta. Asumir si cuando estás desesperado y triste el alcohol se vuelve tu aliado o tu enemigo. Saber si tu boca parlanchina y opinadora te abre o te cierra puertas. Esa observación y consciencia de ti mismo es una forma profunda de descubrir tu papel en el mundo y encontrar la coherencia para que todo se ordene en sincronía perfecta.

Hay ritmos colectivos y ritmos familiares. Puede ser que, dentro de tu misma familia, para tus hijos sea tiempo de búsqueda y tengan que irse de casa, pero para ti sean tiempos de equilibrio. Quizá para tu madre lo sean de reflexión o para tu hermano de amor, mientras que para ti son tiempos de crecimiento interior. Tenemos que aprender a reconocer que, aunque compartimos la vida con hijos, padres, hermanos, pareja, con socios o clientes, no todos estamos habitando el mismo ritmo ni viviendo el mismo tiempo. Este respeto y esta lectura nos garantizan la paz y el orden.

Colectivamente, en los pueblos a veces son tiempos de renovación, donde todo se despierta y florece como una primavera social. Queremos el cambio y lo nuevo, que surja y brille, pero también hay tiempos de interioridad, de estabilidad, de protección donde, como pueblo o nación, no queremos que nada se modifique, deseamos conservar y mantener lo que hay. El conflicto no está en el tiempo, sino en que tú promuevas cambios cuando es tiempo de estabilidad o te quedes paralizado por miedo cuando es tiempo de cambio.

Imagina cómo podrías hacer de tu vida una experiencia más positiva si aplicaras el ritmo, tu lugar y la sincronía perfecta para que todo ocurra.

De alguna manera nos enredamos con conceptos muy simples. Últimamente la humanidad va entrando en una moda absurda: nadie quiere morir. Y el hecho de que nadie quiera morir es contrario a los cantos del universo, porque todos tenemos que morir para que cosas nuevas surjan; si tú postergas tu muerte artificialmente, generas desorden y desequilibrio. Si tú te atoras antes de partir, solo producirás dolor para ti y los que te aman. Tenemos que aceptar que después de una buena vida viene la muerte, y procurar que la vida sea tan buena que, cuando llegue el momento de partir, podamos soltarnos en paz.

También a veces pretendemos que el movimiento sea mucho más rápido que lo que es. Sin embargo, hay movimientos pausados, casi demasiado lentos. ¿Acaso viste crecer a tus hijos un centímetro por mes? No. Ellos se desarrollaron de una manera natural, tan suave y constante que de pronto te hiciste consciente de que habían crecido. Es un proceso hermoso de contemplar la vida sin prisa pero sin pausa, y nosotros podemos aspirar a entender cómo es el movimiento, a entrar en el movimiento y a volvernos parte de él. Esto también es *ollin*.

Antes la humanidad pasaba tiempos de hambruna; ahora tenemos ayunos intermitentes y nos abstenemos de comer. En un momento había tiempos de hacer ayuno porque era necesario, por fines prácticos o espirituales. Ahora comemos de más. No se trata de reprimir o liberar, sino de saber que habrá algunos espacios para banquetes y otros para cuidar cada centavo; que no tenemos que hacer festines cuando son tiempos de duelo, pero tampoco ponernos en modo sufrimiento cuando son espacios y tiempos de gozo y alegría.

Es natural que muy a menudo perdamos el ritmo, perdamos el *ollin*, y para volver a entrar en sincronía necesitamos recordar que hay un Gran Canto, aprender a escucharlo no solo audiblemente, sino sentir que ese canto nos habla desde adentro, recuperar la consciencia de en qué etapa estamos, de cuál es nuestro lugar. No es algo cronológico. Tampoco se trata de estar adentro o afuera de tu casa; es más bien como un ritmo personal de aprender a reconocer cuándo tu ser y el universo te piden abrir, cuándo te indican avanzar, cuándo te piden revisar, cuándo te piden explayarte, cuándo te dicen simplemente: "Ahora es tiempo de estar".

Cuando empezamos a buscar el ritmo, por resonancia o generación, la vida empieza a ayudarnos y entonces aparece aquel ritmo que deseamos para que llegue un buen empleo, porque la vida nos acompaña, nos bendice y comienza a trabajar junto con nosotros. Así, en lugar de sentir que vamos solos en la búsqueda de nuestra dicha y felicidad, podemos empezar a sentir, cuando trabajamos en el ritmo del *ollin,* que la vida nos acompaña y de pronto, casi como magia, las cosas van saliendo bien. Las respuestas de la vida son fáciles; se vuelve todo precioso, fluye el universo a nuestro favor, hay coherencia y en este punto estamos hablando de resonancia y de *dharma*, de generación y unicidad de balance, de *Wu Wei*, de karma y de *ollin*.

Puedes darte un momento para sentir cómo este instante en el que estás leyendo tiene la magia de ser perfecto para que tú recibas todos estos mensajes.

Algunas personas poseen el don natural de saber leer la vida. Ellas saben ahorrar para los tiempos difíciles y disfrutar con gozo los boyantes. Son personas que aprendieron a cuidar su prosperidad, y cuando hubo vacas gordas supieron adueñarse de los buenos momentos. Sin embargo, la mayoría se tira a la flojera en épocas de bonanza y cuando hay vacas flacas no sabe qué hacer. No estoy hablando de lo económico, sino de lo emocional. Son personas que descuidaron sus vínculos más cercanos y, cuando los quieren recuperar, ya es demasiado tarde. Hombres y mujeres que, mientras sus hijos los necesitan, los abandonan por el trabajo o por otros deseos, y cuando desean volver a compartir con ellos, los hijos han crecido y ya no están más.

Puede darse el caso de alguien que pasó su vida desgastando su cuerpo y, cuando quiere disfrutar de él, este se ha agotado. Y de otra persona que tal vez desperdicia su tiempo frente a un televisor, juzgando a los demás o peleando, y cuando mira atrás, una buena parte de su vida se ha ido y ya no volverá.

Por eso te invito a que cuides tus ciclos, a que entiendas los tiempos, a que reconozcas tu lugar, a que tal como las fiestas se celebran en los momentos adecuados, tal como hay tiempos de risas o de llantos, así puedas vivir en sincronía cada tiempo tuyo. En lugar de enojarte porque no hay nieve en la selva tropical, aprende a disfrutar de la selva siendo tú y estando ahí; cuando llegue la nieve, gózala también.

El mejor consejo que puedo darte es que, si aprendes a escuchar el canto de la vida y hacerlo parte de tu corazón, cada vez estarás más en ritmo con los movimientos y vivirás más feliz.

Las cinco claves del *ollin*

Después de dedicarle mucho tiempo a la experiencia y la comprensión del *ollin*, fui profundizando cada vez más en esos conocimientos simbólicos y mistéricos que la tradición chamánica esconde en sus relatos, en sus mitos, sus tejidos y bailes. Así me fue desvelado que el *ollin* consta de cinco claves que, si las comprendemos, vamos a poder tomar la belleza y el esplendor de este maravilloso principio universal.

1. Todo forma parte del orden. Sin duda, el caos solo existe para el ego. Hay personas que suponen que la realidad es lo que el ego plantea como realidad y no lo que verdaderamente el espíritu está experimentando.

Para algunas personas la vejez es caos y sufrimiento, pero lo cierto es que la vejez no tiene ninguna cualidad intrínseca, es simplemente un estado diferente. Cuando las personas dicen: "Qué enfermedad tan grave es la menopausia", pero no la comprenden como parte de un proceso de la vida, no depende tanto del hecho sino de cómo se vive el mismo, lo que lo lleva a ser más o menos caótico. Igualmente puede haber un jubilado que diga: "Me llegó antes el tiempo del retiro"; u otros que piensen: "Aunque me toca jubilarme, no deseo hacerlo".

El punto es entender que no hay caos, que lo que nosotros percibimos como desorden y sufrimiento es simplemente nuestra limitada capacidad para darnos cuenta de que, desde un plano superior, eso tiene un orden y una razón de ser.

Una pandemia, por ejemplo, nos toma por sorpresa. Somos una humanidad desordenada que le paga quinientas veces más a un futbolista que a un científico, y luego nos quejamos de que no haya avances para enfrentar una epidemia o una enfermedad. Somos una humanidad que valora cientos de veces más un viaje exótico a alguna playa de moda que una exploración interna a la psique de los seres humanos. Esto es lo que produce el caos pero, en realidad, las pandemias, las enfermedades y los movimientos sociales tienen una razón: equilibrarnos, enseñarnos, incluso mostrarnos atributos humanos que habíamos dejado de lado.

Recuerda que el universo tiene su tablero y en ese Gran Tablero Superior va ocurriendo todo lo que tiene que pasar. Si no te gusta o percibes que vives en demasiado caos, debes ir a lo profundo, al interior, al principio de generación y luego descubrir que cuando tú hallas la paz interior, cuando te encuentras en equilibrio y en balance, puedes sumarte por resonancia al movimiento perfecto que es el *ollin*.

2. Los eventos son causales y no casuales. Tampoco existe algo llamado suerte. Como enseñaba el gran físico Albert Einstein, "Dios no juega a los dados". Todo lo que ocurre en el universo está interconectado. Todo lo que sucede en el universo tiene una causa, principio del karma. Esa causa puede ser benéfica y maravillosa —*dharma*— o una pulsación que atraemos por resonancia. Recuerda esto: los eventos son causales y no casuales. El *ollin* nos da la capacidad de entender que lo que está ocurriendo trae un mensaje que lleva a preguntarnos: ¿es este el tiempo? ¿Cuál es mi posición perfecta? ¿Cómo puedo sumarme y bailar en paz con este nuevo flujo?

3. Todo es parte de un proceso. Cuando nosotros percibimos la muerte como algo separado y como un fin, nos enojamos y entristecemos, luchamos contra la idea de la muerte. Vemos también la crisis económica como algo aislado que nos pasó, y entonces sufrimos y nos apegamos a la idea de que la economía tiene que ser siempre abundante. Vemos la pérdida como un fracaso y entonces, inconscientemente, nos resistimos. Comúnmente miramos solo un pequeño fragmento de la realidad.

Es como si viésemos un cuadro de la escena de una película y por esa imagen juzgáramos la totalidad de la obra. Nos hace falta entender que la vida no son fragmentos, que la vida es parte de un proceso como el karma. No tenemos que ver algo como un fin ni como un principio, sino como un flujo interminable de movimientos. Cuando nosotros entendamos que la muerte es parte del curso de la vida y nos llevará a una vida nueva, cuando seamos capaces de descubrir que las crisis son parte de los procesos que nos conducen a aprendizajes y tomas de consciencia que quizá nos impulsen hacia adelante en el futuro, entonces comprenderemos que lo que está ocurriendo no es aislado, que tiene una razón de ser.

Cuando viajo agradezco mucho que haya lugares inaccesibles para el turismo que están lejos de las carreteras, de los trenes, y que para llegar a ellos tengo que caminar y cargar la mochila a sitios donde no hay aire acondicionado ni televisión, porque esa "falta de desarrollo" les permite mantener la pureza. Y cuando construyen la autopista, meten el internet, le ponen televisión por cable y ya hay un hotel a la vista, otro lugar puro desaparece. Si yo pensara que hay algo muy malo por lo cual el ferrocarril no ha llegado, sería una parte de la distorsión. Sin embargo, puedo entender lo mucho que trae de bueno que, al igual que un sitio, una persona conserve la inocencia, entendiendo que llegará el tiempo de la carretera, pero que también podemos disfrutar el camino de tierra sobre el que tenemos que andar.

Los momentos, tanto buenos como malos, no están aislados; son parte de un *continuum* de energía, de un bucle cíclico, y debemos entender que todo es parte de un sendero. Necesitamos como humanidad lo que estamos viviendo en forma planetaria, y como individuos necesitamos experimentar esta realidad presente como parte de una enseñanza mayor. Lo que está pasando, todo, lo luminoso y lo complejo, forma parte de un proceso que nos corresponde aprender y vivir; cuanto más pronto descubramos la enseñanza y nos sintonicemos con el ritmo, más fluidamente pasará. No se trata de que nos ocurran cosas malas o buenas, sino de que aprendamos, porque la vida se trata de lecciones y no de "castigos o premios" simplemente.

4. Vivimos en la impermanencia. Este es un concepto que se puede entender mejor desde la visión budista. Nos dice que todo cambia, que todo se transforma. Que quizá pienses que tus hijos no deberían crecer, pero igual ellos van a seguir su proceso evolutivo. Tal vez desearías que los buenos momentos fuesen eternos, pero van cambiando instante tras instante. Cuando quieres que algo suceda rápido o que algo pase lento, el universo te dice que de todas maneras, rápido o lento a tu juicio, va a pasar en su momento perfecto. La impermanencia nos señala que no debemos apegarnos ni a lo muy bueno ni a lo muy malo. Hay una frase que es un gran regalo, una joya de sabiduría y conocimiento. Esta frase es pequeña y sencilla, pero tiene un gran valor cuando se entiende en el alma: "Todo pasará". El cambio y la impermanencia son parte sustancial del orden y el *ollin* nos dice que, así como hay tiempo de llegada, hay tiempo de partida; que así como hay tiempo de esperanza, hay tiempo de aceptación; que así como se gana, también se pierde; y que todo, todo es impermanente y perfecto tal como es. Tanto lo bueno como lo malo pasará; cuando lo entiendas descubrirás que hay una paz profunda que te rodea y que te acompaña desde esta comprensión.

5. El universo tiene un ritmo perfecto. Imagina que una Gran Melodía habita en todo. Es una fuerza, una energía. Como cada uno lo entienda es importante, pero más lo es descubrir que hay un orden, una partitura que rige la unicidad. Esa partitura viene dictada por una consciencia superior y cuando aprendemos a escucharla y a descubrir nuestro lugar, nuestro papel y nuestro tiempo, fluimos en la vida con gran gozo y alegría. Todo tiene un tiempo: la plenitud y la calma, el embarazo y la muerte, la incertidumbre y la tristeza; somos parte de un ciclo de amor y de soledad, de compañía y de introspección. Hay momentos de opulencia y momentos de humildad y sencillez, tiempo para cantar a los niños cuando son pequeños y para abrazar a los viejos cuando han de partir. Hay tiempo para trabajar y tiempo para disfrutar el trabajo, para viajar y para estar en presencia. Tiempos de crianza a los hijos y de respeto a sus decisiones de adultos; tiempo para decir "no" y tiempo para aceptar lo inevitable de la vida.

Entonces, ¿cuál es el conflicto? ¿Por qué no entendemos? Lo que nos ocurre es que tenemos un ego demasiado grande. Quiero el coche nuevo cuando yo lo quiero, y no entiendo que hay momentos para comprar coches y momentos para no hacerlo. Quiero tener hijos cuando a mí me da la gana, pero no respeto que la vida es algo más que mi deseo egóico y que existe una razón profunda para que ese niño pueda venir. Presiono a las flores y quiero que siempre mis orquídeas estén floreando, pero quienes las cuidamos sabemos que hay tiempos en que estas no se dan y debemos tratarlas con el mismo cariño, esperando que vuelvan a crecer.

Por eso tenemos que aprender y vivir en este ritmo que es el *ollin*. Hay que leer entre líneas; así como miramos el cielo y sabemos cuando la nube se muestra cargada de lluvia, así debemos ver en el interior de los comportamientos, en las señales y sincronicidades. Tenemos que observar que después de la lluvia habrá sequía y leer cuándo viene una o la otra. Conocer que el camino que hacemos de ida tenemos que realizarlo de vuelta, que no nos agarre la noche porque aprendemos a preverla con consciencia. Nos resistimos a entender que hay un tiempo de infancia, uno de adolescencia, uno de vejez y otro de muerte. Cuando tú luchas o desafías a los ciclos simplemente vas a padecer, no por el ciclo mismo, sino por tu aferramiento y necedad.

Quizás en el tiempo en que te tocaba amar fuiste a trabajar y ganaste mucho dinero, pero cuando años después volviste, esa persona a quien amabas se había ido ya. O tal vez te pasó al revés: te quedaste a amar y no trabajaste para generar un ingreso económico, y al paso del tiempo el amor se fue porque el dinero no llegó. Por eso debes entender que hay que ir fluyendo instante a instante, sabiendo que es tiempo de amar y de tener un empleo, y dándole tiempo al amor y también al trabajo, asumiendo que hay momentos de descanso, de revisión, de lecturas como esta, que espero estés disfrutando, valorando y creciendo al hacerlas.

Debes saber cómo vivir en sincronía, así como un barco navega en las diferentes olas del mar, y cómo sumarte a la plenitud y la belleza; reconocer los tiempos adversos y trabajar; cuidar la opulencia, pero mantener lo importante en primer lugar. Recuerda, eres como un barco y debes aprender a leer, a elegir, incluso a prever los tiempos que aún están por venir. Puedes aprender a hacerlo si lo haces desde la presencia, si escuchas a tu corazón. Aprende a descubrir que hay promesas falsas; algunas te dicen que serás feliz si tienes mucho dinero, o que si estudias en una universidad tu futuro está garantizado. En realidad, más importante que el dinero, incluso que los estudios, es conocer las leyes universales y aprender a entender el mundo, vibrar en la calma y la paz, conociéndote, respetándote, amándote y siendo tu mejor versión.

Por esto te invito a que te observes mucho; si tienes personas que te quieren y es tu momento de amar, ama. En lugar de pelear con tu pareja o de decidir hacer algo distinto, cuando es tiempo de amar, ama. Cuando es tiempo de trabajo, trabaja, y cuando es tiempo de paz, vive en paz, porque no existe nada más angustiante y tristemente común que aquel que está en la playa con la computadora enfrente, sin poder mirar el mar, pensando en su junta del martes; o aquel que ese martes está en su junta pero conectado con las olas.

No seamos ignorantes, aprendamos a vivir el mar en el mar y la oficina en la oficina, el amor en el amor y los límites en los límites.

Estoy seguro de que si revisas adentro de ti, en momentos en que te tocaba simplemente hacer la paz, regañaste y eso terminó en un conflicto. O en espacios en los que te correspondía ser acompañante y testigo, fuiste metiche, diste tu opinión y provocaste un caos. Respetemos la intimidad de nuestra casa. Respetemos en el verano lo que el verano da y, cuando llegue el invierno, gocemos con el invierno y lo mucho que trae. Aprende a balancear tu vida, produce, genera, pero también cuida lo esencial y descansa.

No se trata de que la vida vaya solo en una dirección, sino de que tengamos una vida íntegra. Al paso del tiempo, las personas más plenas no son las que han alcanzado mucho éxito o excelencia en un área, sino aquellas que tienen una vida integral, con buenas relaciones familiares, con un buen trabajo, reconocimiento, abundancia con un buen contacto interior, con salud, con diversión, con alegría... con un poco de todo, en su justa medida.

Integrando el *ollin*

Para descubrirlo es necesario que reconozcas que hay dos movimientos: el interno, el que te dice desde tu corazón si te toca o no te toca, si es el momento o no lo es, y el externo, el que ocurre afuera. Tu posibilidad de leer el mundo, de saber que se aproxima una tormenta o que el día será caluroso. El *ollin* debe tener balance en tu parte profunda, dentro de tu corazón, adentrándote en tu intuición; puedes hacerlo meditando y conociendo cada vez más la sabiduría que hay en ti para afinarte con ella, pero también tienes que aprender a escuchar al resto de los instrumentos de la orquesta, oír la música, descubrir el ritmo y darte cuenta de cómo te corresponde sumarte a ese ritmo.

Aunque parezca complejo, es algo natural, porque intuitivamente vamos entrando en el orden de dormir de noche y vivir de día, y de que después de la niñez llega la juventud y la pubertad. Así es que tienes que confiar en ti, observándote adentro y leyendo afuera. Es como si hubiese una melodía interior que estuviese esperando a conectarse con el Gran Canto de la eternidad del mundo.

Podríamos decir que el *ollin* es escuchar tu voz y leer los flujos de la vida para así entrar en sincronía con ellos. Cuando te retiras a tiempo de una relación, cuando eliges que es tu momento de callar antes de iniciar la pelea, cuando descubres que es momento de generación, cuando te das permiso de reconocer que es tiempo de silencio y lo llevas a cabo, estás viviendo el *ollin*. Cuando encuentras tu posición frente a un altercado y cuidas la prudencia, cuando decides defender la justicia porque es momento de poner un alto, cuando sabes cuándo hablar con los que amas y cuándo respetar su silencio o su dolor, estás haciendo *ollin*.

¿Has observado cómo hay gente que siempre que te hace una petición es la adecuada? ¿Aquella que te pide de una manera tal que siempre es propicio darle? Personas que hacen un negocio y están en el momento perfecto para generar abundancia o que te ofrecen una ayuda justo en el tiempo exacto en que tú la necesitas. Cuando daba consultas había personas que debían esperar seis o siete meses para recibir atención, porque no me daba el tiempo, pero había un par de ellas que me escribían justamente cuando alguien había cancelado o que tenían un tino perfecto para encontrarme con la agenda en la mano, y por alguna razón les daba consulta muy rápido. Eso es ritmo, no suerte. Hay personas que entregan el proyecto correcto en el momento preciso y alcanzan el éxito, pero eso es producto de un movimiento, de una lectura. Si tú aprendes a traducir las lecciones y descubres que el universo es simplemente una ola que tú tienes que aprender a sortear, vas a vivir lleno de flujo.

Si conviertes esto, amigo lector, y lo aplicas en tu vida, si tomas nota interior y la mantienes sin desafinarte, descubrirás poco a poco la gran orquesta del mundo y encontrarás tu lugar perfecto para participar en ella; te volverás parte del *ollin*. Entonces encontrarás que la vida puede ser fácil, que las olas del universo pueden guiarte a los mejores destinos. Permitir que el ollin entre en tu vida es dejar de actuar como una cabra que se resiste, y aprender a ser un viento fluido que siempre sopla en la mejor dirección.

Desde que el *ollin* llegó a mi vida, yo me muevo y entiendo los tiempos y me ha dado los resultados más hermosos; me ha permitido aguardar el tiempo de que las personas maduren para tomar mi mensaje y de madurarme a mí para llegar a la gente perfecta. Cada vez que me encuentro en una situación difícil o compleja me pregunto de qué es tiempo, y cuanto más escucho a mi corazón y más reconozco mi lugar en el mundo, más bello me resulta vivir.

Ahora es tu tiempo quizá de cerrar este libro, de reflexionar y mirar a tu alrededor y elegir hacer cambios, o tal vez es momento de seguir leyendo y nutrirte de otro principio más. Sé que mis palabras en este instante son adecuadas para ti. Tú y yo, sin habernos mirado de frente, pertenecemos a la unicidad y estamos creando el *ollin*, porque al leer tú mi libro me permites continuar avanzando en la consumación de mis sueños, y yo, al escribir esto para ti, quizá pueda darte una chispa o un empujón para que vayas a la vida bonita que te mereces.

La vida tiene mucha energía y debemos permitir que toda esa energía se acomode en su lugar y tiempo perfectos. *Ollin* es entender estos flujos, aceptarlos y unirnos con ello para nuestro mayor bien; de eso se trata esto. Cuando ya tengo que dejar ir una relación, cuando ya no necesito pelear o, por el contrario, cuando es tiempo de luchar y debo defender lo que creo y lo que quiero y me pongo valiente, también es tiempo del *ollin*. Cuando es tiempo de amigos, cuando no es tiempo de amigos. No sé si has observado a la gente que es prudente, a la que sabe cuándo es momento de llamar por teléfono y cuándo no y cómo. Por el contrario, tenemos personas imprudentes que llaman siempre en mal momento, que le atinan a la peor circunstancia, insisten y nunca tienen suerte; esto es desarmonía. Las personas que te hacen peticiones bien elaboradas siempre son agradables y te piden cosas fáciles de resolver.

Un *ollin* bien empleado nos llevará, inexorablemente, a vivir una vida mucho más pacífica. Una buena metáfora que nos ayudará para la vida es entender que un surfista tiene que aguardar por una buena ola. No puede lanzarse en la primera que encuentra, pero tampoco puede dejar pasar las oportunidades, porque entonces jamás se parará en su tabla. Él sabe surfear, confía en sus piernas, conoce su tabla, pero también elige cuándo hacerlo. Y cuando el surfista y la ola se combinan ocurre algo maravilloso. Del mismo modo, cuando un buen músico conoce las notas y no desafina nunca, es porque se vuelve parte de la melodía. En el surfista, la ola y su técnica; en el músico, su trabajo y la música misma. Y es que todo ocurre en armonía cuando sabemos tomar el tiempo perfecto y hacer lo que nos corresponde.

De tal modo que si llevamos esta enseñanza a nuestro interior, si permitimos que el *ollin* habite en nuestro corazón, podremos mirar el mundo, pero no como borregos, porque no iremos siguiendo a la gente, sino como individuos que se sincronizan con la vida. No somos solo borregos y tampoco hacemos lo que los demás nos dicen que deberíamos hacer; por lo contrario, nos preguntamos y entendemos cuál es nuestro momento y cuál nuestro lugar. Así vamos por la vida actuando con base en ese entendimiento y desde una profunda coherencia con nosotros mismos y con el mundo que nos rodea.

Frente a los hijos y a las relaciones cercanas, esto vendría muy bien si se aplicara de una manera consciente y amorosa. Podríamos aprender a preguntarnos si lo que vamos a decir aporta, podríamos entender lo que están viviendo ellos y no simplemente juzgar, sino poder coexistir en un orden sutil, en una calma linda, siendo guiados por el amor. Cuando uno lo hace desde el tiempo y el movimiento correctos, la gente alrededor lo sabe y todo comentario, consejo, incluso los reproches generan un eco distinto cuando es el mejor momento para poder vivirlos.

Habremos de entender cuando ya no es tiempo de seguir insistiendo, cuando no va a ser recibido nuestro mensaje, cuando quizá falta madurez o faltan palabras porque tal vez no es un tiempo receptivo; entonces descubriremos la magia de soltar y de acechar un mejor espacio, un mejor lugar y una mejor hora para hacer que eso ocurra. El universo nunca se pone en contra de quien no se pone en contra del universo. El universo conspira amorosamente con aquellos que abren su corazón y se disponen a danzar con él.

Cuando entiendo el *ollin*, cuando entiendo ese movimiento perfecto, me lleva de una manera fluida y natural.

Meditación final

Meditación sobre recuperar el tiempo, nuestra sincronía, nuestro baile con el tiempo.

Cierra tus ojos, ponte cómodo, con la consciencia ahora mismo de que estás aquí. Escucha tu respiración y permite que ese sonido te guíe, pausada y pacíficamente, a volver a ti, a tu tiempo. Respira calmado, exhala tranquilo. Siente la quietud, la calma y la paz. Relaja tus hombros, libera tu abdomen y exhala dejando ir. Ahora percibe la gran calma que eliges dejar entrar en ti, que el aire venga impregnado de calma, de quietud y serenidad. Lleva toda tu atención al corazón. Visualiza un punto luminoso en el núcleo de tu corazón y siente la profunda calma de respirar y de vivir aquí. Exhala en calma, tomando todo el tiempo que necesites para estar aquí, sabiéndote en esta meditación. Voy a pedirte que abras ligeramente tu boca, que dejes caer tu mandíbula un poco, que inhales y exhales por la nariz. Que tu corazón siga encontrando cada vez más la paz. A tu alrededor percibes con claridad lo que la vida está diciéndote, los mensajes que la vida te da, la vida que has construido, la familia que has creado, el cuerpo que has formado, las personas que te rodean, los elementos que son más importantes en tu historia. Entonces pregúntate interiormente: ¿de qué se trata este tiempo? ¿Es un tiempo de adentro? ¿O es un tiempo de afuera?

¿Es un tiempo de estar en mí o un tiempo de expandirme? ¿Es un tiempo de creación o un tiempo de introspección? ¿Es un tiempo de sol o un tiempo fresco y frío? ¿Es un tiempo de gasto o de ahorro? ¿Es un tiempo de silencio o de diálogo? ¿Es un tiempo de desencuentro o de respeto? ¿Es un tiempo de hacer? ¿Es un tiempo de ayudar o de poner límites? Ahora escucha el sonido del mantra y ve soltando tu pensamiento. Vas a liberar tu mente y a dejar que el sonido del mantra integrado a tu respiración te muestre desde adentro, saludablemente, de qué se trata este tiempo. Tu respiración fluye en paz con el sonido, y el sonido fluye en paz con tu respiración.

Suelta tus manos y deja que esta afirmación quede resonando en tu mente: "Me entrego al movimiento perfecto de la vida. Serenamente confío en la sabiduría de Lo Superior. Estoy en paz".

Haz nueve respiraciones muy tranquilas.

No hay caminos para la paz;
la paz es el camino.

—GANDHI

Capítulo

8

Ley universal VIII: La paz

La paz no es una palabra ni una emoción; la paz es un estado de vida, es un nivel de consciencia.

Yo crecí sabiendo que Lo Superior me escuchaba, incluso que me respondía. Desde muy temprana edad viví experiencias espirituales bellísimas. Me sentí amado y cuidado por Lo Divino desde que tengo uso de razón. En mayor o menor medida dediqué mi vida a la espiritualidad, pero cuando tenía 19 años tuve un momento de crisis, quizás el más fuerte que he tenido. En mi crisis profunda me peleé con lo divino. Como si fuese un niño caprichoso le reclamaba a Lo Superior: "¿Por qué no me quieres? ¿Por qué permites que le pasen cosas malas a gente buena como yo? ¿Por qué me abandonaste? ¿Por qué no evitaste estas circunstancias que me generan tanto dolor?". Viví una profunda depresión y un desánimo interior.

Pasaron algunas semanas y, por obra del destino y del *ollin*, fui a la playa y caminé muchísimo, quizá como nunca lo había hecho. Recorrí la playa de un extremo al otro unas cuantas veces; después de unas tres o cuatro horas, mientras mi pensamiento divagaba, recordaba lo difícil de mi situación y, entre lágrimas, procuraba encontrar las respuestas. Miré hacia el mar y entonces grité: "¡Contéstame!". Y luego, con insistencia, volví a gritar aún más fuerte: "¡Respóndeme, necesito escucharte!".

Al paso de mi vida no era que yo oyera siempre una voz del cielo. Recibí los mensajes superiores por mi percepción, en ocasiones a través de símbolos, señales, imágenes, sensaciones o incidencias; pero esta vez yo quería escucharlo a él, así que insistía entre gritos y llantos: "¡Contéstame!". Y mientras lo expresaba, entre lágrimas, pensaba: "Si no contestas ahora, voy a alejarme de ti y a despreciarte, porque quizá si no me respondes como yo necesito es porque no existes".

Y Lo Superior seguía tan tranquilo…

De repente tomé consciencia de que si no me contestaba era porque yo no estaba preguntándole nada en realidad; solo me peleaba con él.

Entonces, en un momento de lucidez lancé un par de preguntas, de las cuales apenas ahora voy comprendiendo el significado. Pregunté, entre los dramas y el dolor de mi corazón adolescente: "¿Es que algún día seré feliz?". Inmediatamente después lancé un segundo cuestionamiento: "¿Existe la felicidad verdadera?".

El mar, que estaba generando un fuerte oleaje, de pronto se calmó, produjo una especie de pausa infinita, como si todo se hubiera vuelto lento a mi alrededor, y entonces escuché del cielo literalmente una voz fuerte que decía: "La felicidad verdadera existe, y se llama paz".

Puedo decir que en ese momento no lo entendí del todo, pero fui preparándome para desvelar este misterio y conocer su respuesta, la cual llenó mi corazón de calma. De pronto sentí como si toda mi vida hubiese cambiado al presenciar algo tan maravilloso como eso. A pesar de que quizá no entendí del todo la respuesta, se abrió un espacio en mí que suavemente iría preparándose para descubrir ese misterio y comprender que la verdadera felicidad existe, y que se llama paz.

Unos años después, quizás ocho o diez, finalmente lo entendí: la felicidad es el efecto de la paz. Si yo quería vivir plenamente feliz, tenía que encontrarme primero totalmente en paz. Y, tal como lo aprendí en aquella playa escuchando la voz de lo divino, la felicidad verdadera es la paz.

La paz es algo que brota, que surge. Hay personas que la buscan, que hacen procesos larguísimos para encontrarse con ella, que tratan de extraerla de los libros o de los ritos, pero en realidad la paz emerge como un manantial desde el interior. Hay factores que facilitan la expresión de la paz.

Cuando estamos en *ollin*, en sincronía con el universo, o cuando generamos acciones *dhármicas*, cuando desde la generación pulsamos luz, entonces la paz emerge y es como si al surgir la paz, inmediatamente el deseo se ausentara, la arrogancia se perdiera. De pronto ya no hay deseos de que nada cambie, ni de que mejore, ni de que algo sea más alto o más corto, más grande o más pequeño; es simplemente todo perfecto tal como es.

Encontramos la paz cuando entendemos que todo es tal como es... La paz es ese estado profundo que surge con la aceptación de que el universo es perfecto y armonioso. Nos damos cuenta, por sorprendente que parezca, de que el estado natural de toda la creación y de todos los seres es la paz.

La vida es totalmente diferente cuando se produce desde la paz. Si hay un deseo en el alma que surge desde la calma y la quietud, este tiene una fuerza tremenda. Esto sucede si tú percibes la paz como una experiencia humana y descubres la paz del cantante cuando canta, la del bebé cuando duerme, la del místico cuando medita y la del fiestero cuando celebra.

La paz puede ser activa o pasiva, pero está presente cuando somos nosotros mismos, sin necesidad de fingir ni de pretender. Si a un niño le permitimos ser él mismo, expresará paz. Si un perrito o un gatito crecen amados, vivirán en paz. Un árbol o una montaña que expresan su naturaleza todo el tiempo, son paz.

La paz no es momificación, no significa aburrimiento. Es estar en perfecta aceptación con la vida como la vida es. Ser feliz como el árbol o como el perro que se echa. Dormir como el bebé que goza de su sueño. Así, aceptando lo que somos y lo que es, podemos ampliar la paz que se expresa a través de nosotros.

La naturaleza es la paz, el niño nace en paz, los seres humanos morimos en paz. Lo que la altera es cuando empezamos a llenarnos de ideas de carencia, de necesidad y de deseo, las cuales surgen del ego. La muerte no duele y el nacimiento es un acto sereno, pero es cuando empezamos a llenarnos de suposiciones y deseos cuando comenzamos a juzgar y desear desde un apego insano en donde perdemos la paz.

Un niño es feliz cantando hasta que viene alguien de afuera y le dice que canta feo y que debe afinar. El niño es feliz vistiéndose como él quiere, hasta que de pronto se le informa que no es correcto o que así no va. Allí empieza nuestra historia a perder la paz, cuando dejamos de ser naturales y esenciales, cuando comenzamos a fingir o actuar por aceptación o por alguna historia distorsionada de obtener algo a cambio de perder nuestra propia naturaleza.

Paz es vivir con calma y presencia, siendo parte del bien y procurando el bien para todos.

La paz no necesita adornos ni condimentos. Es calma y serenidad, presencia y amor. No estamos hablando de llegar a tener todos los lujos ni de que toda la gente que queremos o conocemos tenga que estar bien o de que todo lo que nos rodea aparentemente esté en su óptima posición. Tampoco estamos hablando de los cambios de gobierno ni de la luz que tiene que ser más brillante para entrar por mi ventana. Estamos diciendo que la paz es calma y presencia, que debemos vivirla sin importar las circunstancias externas. La paz es una elección y, como lo comentaba al principio de este capítulo, un estado mental.

Si yo solamente puedo estar en paz cuando las cosas que me rodean se encuentran bien, mi paz no es suficientemente fuerte. Yo debo aprender a vivir en paz a pesar de las circunstancias.

Hay una enseñanza que podemos tomar como refugio: debemos cobijarnos en nuestro interior frente a las tormentas y vicisitudes. La paz es ese refugio, es poder cerrar nuestros ojos y conectar con nuestra esencia y permanecer ahí, inalterados. Poder sentir que muy dentro de nuestro interior hay un búnker que nos mantiene seguros y protegidos; eso es la paz.

¿Qué hacer cuando las cosas son difíciles y perdemos la paz?

Si la situación económica está complicada, podemos hacer lo que nos toca: buscar trabajo, reajustar los créditos, ahorrar un poco; pero si lo llevamos con calma y presencia, pese a no poder resolverla de golpe, estamos en paz. Si se descubre una enfermedad, del mismo modo puedes ir al hospital a buscar una opinión médica, seguir un tratamiento, pero dentro de ti sería hermoso que llevaras un estado de calma y presencia. Murió alguien a quien quieres mucho y te duele y lo extrañas, es natural, pero puedes añorar y llorar con calma y presencia; puedes hacerlo sintiendo que, en lo profundo, más allá de lo superficial, estás en paz.

Trabajaste mucho para un proyecto que no se manifestó; cuida interiormente que aceptes la frustración en calma y presencia. Son herramientas indispensables para vivir verdaderamente dentro de las leyes espirituales. Cuanta más calma y presencia va armándose en tu interior, cuanta más paz vas aprendiendo a cuidar en la profundidad de tu ser, más y más irás desvelando el verdadero significado de lo que la paz, como una experiencia espiritual y un estado mental, hace por todos.

Una persona que está en paz procura el bien para sí y para todos. Una persona en paz no está deseando el mal o la envidia, no actúa de una manera prejuiciosa o criticona. Cuando tú vives en paz, dejas de estar involucrado nocivamente en la vida de los demás, cuidas de tu paz interior y esta, poco a poco, va extendiéndose hasta que terminas cuidando también la que te rodea y quizás invitas naturalmente a todas las personas que te importan a vivir en la paz.

Es sano entender que cuando vivimos interiormente el amor, la calma y la presencia, cuando realmente estamos ahí en ese punto de encuentro, deseamos esa misma experiencia para todos los seres. Si bien te he contado que la paz es un estado natural, que es la esencia debajo de la flor, que es la esencia en la mirada de tu perro, en el niño dormido, entonces podrías entender que simplemente hay que ir a esa parte profunda, a lo más trascendente en nosotros, sin forzar nada; solo acudir a ese punto esencial y permitir que la paz brote, surja, que se exprese y manifieste.

Sin duda, dentro de estas leyes espirituales que te planteo, la paz es la más elevada a la que todos podemos aspirar. Si lo comprendes bien, está íntimamente ligada con el *dharma* y el *ollin*. Donde hay paz no hay combate, lucha, pelea o conflicto; no existe caos. Donde hay paz, hay luz.

Mi propósito al escribir este libro es que tú vayas armando una especie de casa espiritual, un refugio para tu recogimiento y evolución, para que cuando salgas a la vida puedas entender que todo se unifica, que todo está conectado; que reconozcas que en esa conexión tú eres generador de lo que va ocurriendo, que intervienes en la realidad y que puedes cambiar lo que está a tu alrededor; que puedas saber que resuenas, que atraes, que emites vibraciones; que estas vibraciones pueden interactuar contigo y con los que te rodean; que sepas reconocer tus intenciones amorosas, bondadosas y coherentes; que tengas la capacidad de asumir tu responsabilidad en la generación de causas y la experimentación de los efectos; que sepas sembrar semillas de luz que traerán lo bueno a tu vida, que repercuten positivamente en las bendiciones que llegan a ti; que puedas encontrar esos movimientos perfectos de calma para reconocer cuándo es tiempo de algo y que logres vivir en paz; que realmente sientas y sepas reconocer la paz.

Ahora te pido que vuelvas a este párrafo y que te des cuenta de cómo ya está en ti el conocimiento de estas ocho leyes espirituales.

No podemos vivir un mundo sintiendo que el afuera es más fuerte que el adentro. Ya reconocimos que somos generadores y si tú generas abundancia o éxito, salud, amor y alegría, y toda esa generación se origina desde un punto central y luminoso que es la paz, puedo asegurarte que todo lo que irás construyendo a tu alrededor dará unos frutos espléndidos.

La paz no es algo que jugamos a guardar o proyectar hacia el futuro; es algo que se vive en el presente, que se sostiene en cada día. Tampoco significa que vivir en la paz te excluya de enojarte o frustrarte, de tener algún berrinche o exabrupto, pero la regla es que cuanto más pronto puedas reconocer que has salido de la paz, vuelvas a ella, a tu refugio, a tu centro y a tu calma. Meditar, hacer oración, caminar en la naturaleza, leer y escuchar elementos que ayuden a construirte de una manera más íntegra, va a facilitar que vivas en mayor paz. También elegir bien a tus amistades, tus diálogos, tus actividades cotidianas, ir construyendo poco a poco una red que te mantenga y sostenga en paz, que te permita vivir, en muchas de sus expresiones, la paz.

Ahora te corresponde observar tu vida, hacer listas acerca de qué actividades vives, si las interacciones que realizas te alejan o acercan a la paz. A veces me imagino la paz como un gran campo de cultivo en donde tenemos que cuidar que no haya plagas, que unas malas plantitas no afecten la totalidad de la cosecha. Por eso, si te desajusta la competencia o el ego, o si algún asunto en particular te pone de muy mal humor y te aparta de la paz, debes podarlo, sacarlo, de tal manera que tu entorno coopere con tu proceso interior de paz y serenidad, y también que tu paz y serenidad cooperen con todo el entorno. La paz surge cuando te permites ser tú mismo. Recuerda que la paz es un estado natural, que no necesitas hacer sino dejar de hacer; que no necesitas parecer sino simplemente estar en ti, sonreír, cerrar los ojos, respirar profundo… eso es el comienzo de la paz. El camino para vivir la paz de forma constante te lo dejo a ti. Ahora tienes herramientas para vivir plenamente, para permanecer en la paz.

Las cadenas de la ignorancia

*La vida plena inicia cuando podemos dejar atrás
la ignorancia que nos han contado.*

Los principios universales que hemos aprendido son una herramienta maravillosa; sin embargo, hay tres cadenas que a veces nos detienen y nos impiden vivirlos en armonía, sincronía y plenitud. La mayor pobreza, desde la perspectiva espiritual, no es la económica, sino la de consciencia.

Cuando la gente tiene una comprensión limitada cae a una vida triste y sombría, sin darse cuenta de qué es lo que la mantiene atrapada y sin poder evolucionar.

Entre las muchas cadenas que limitan nuestro vuelo pleno hacia una vida dichosa hay tres que son esencialmente limitantes y que tenemos que aprender a reconocer para que no nos estorben en nuestro camino hacia la creación de la vida que queremos experimentar.

Estas tres cadenas traen conflicto, infelicidad y caos, van en contra de los principios y los detienen; algunas veces los corrompen. Por eso es importante que las conozcas y sepas detectarlas, para que puedas retirarlas y tu campo de cosas lindas florezca en la mejor armonía y la mayor paz.

La primera cadena es la **idea de que la vida es lucha o sacrificio.** Esta cadena equivocada nos dice que hay que trabajar mucho, que hay que luchar y combatir para obtener lo que queremos. Señala que es necesario protegerse de los enemigos y mantener siempre la guardia en alto, es decir, sostener el estrés para evitar que algo malo pase. Esta cadena es una idea muy atrasada en la consciencia; es como pensar en los cavernícolas que, al cazar su porción de mamut, tenían que cuidarla y protegerla de todos los demás. Pero resulta que el animal cazado era demasiado grande y que una sola persona no podía comérselo, y al tratar de almacenarlo terminaba pudriéndose porque era algo mucho más grande que lo que se necesitaba. A veces nos ocurre eso, entendemos que tenemos que cuidar nuestros bienes, nuestras relaciones. Debemos pelear todo el tiempo contra las amenazas de afuera. Esta es una idea distorsionada, porque nos hace sentir que tenemos que estar constantemente en tensión, en conflicto; que si no nos duele o si no hay sacrificio o miedo, entonces no sirve.

Pensar de esta manera distorsiona la interpretación de la vida, nos hace suponer que cada día es una batalla y que todos debemos tener una espada o un escudo. Si nosotros miramos alrededor, descubriremos en el interior de muchas personas que esta cadena les limita soltar, confiar, seguir, fluir... Es como si no se nos diera permiso de experimentar el flujo y el gozo del *dharma*, la resonancia simple o el movimiento tranquilo del *ollin*.

La segunda cadena es **la inmediatez,** cuando solamente pensamos de una manera muy corta y sin poder entender la trascendencia futura de nuestros actos. Aquí vivimos cuando consumimos todo como si no hubiese futuro y devastamos todo como si no hubiera mañana, cuando decidimos que somos unos búfalos que miramos hacia el terreno más inmediato y con eso nos satisfacemos, sin percibir la profundidad completa de la vida. Es lo que hace que una persona entre en la adicción por la recompensa instantánea, sin mirar luego el resultado. Esta mirada corta, esta incapacidad de ver lo amplio, lo trascendente, se opone al principio del karma, porque cuando tenemos consciencia del karma hacemos algo y somos conscientes de las posibles consecuencias; vemos la vida como causa y efecto.

En esta visión instantánea yo hago lo que quiero, nadie me vio, no me importa, no pasa nada, puedo robar y dañar y no habrá consecuencias. La inmediatez es un sinsentido de la responsabilidad; es como si todo me fuese permitido porque no veo ni la unicidad ni las consecuencias de mis actos.

El pensamiento inmediato es el que te lleva a tomar decisiones sin consciencia de cómo van a repercutir en tu vida y en las de los demás. Hay otro ángulo de la inmediatez que me preocupa especialmente, que es la idea errónea de que el despertar puede ser inmediato, de que es como si fuese un botón que se enciende y de pronto ya todo en tu vida ha cambiado. Recuerda que hay procesos y ciclos. Aprende a respetar el *ollin* y la paz.

Nada ocurre de forma espontánea, porque todo es parte de un gran proceso llamado karma. A ti te toca tomar esos hilos y hacerlos bellos para tu propio despertar, para acompañar a los tuyos, para vivir en el amor, para hacerte consciente y sentir que todo lo bueno y bello te pertenece en paz.

De aquí se deriva la tercera cadena, que es la **limitacin de la percepcin, es** decir, pensar que la vida es superficial, ver los eventos como si fueran el final de todo y olvidarnos de la unicidad, la vibración y la resonancia. La espiritualidad nos permite ampliar la mirada del mundo de una manera consciente y saber que lo que pasa tiene una causa y un propósito; que lo que estamos viviendo en un momento determinado pertenece a un profundo tejido de pulsaciones, energías e intenciones. Cuanto más espirituales somos, menos limitados estamos por la suposición, el juicio o el pensamiento superficial. Romper la cadena de lo superficial significa explorar el mar, no solamente en su superficie sino adentrarnos en sus maravillosas profundidades. Así, nuestra vida se vuelve más amplia.

Estos tres principios de la ignorancia se complementan, pues resulta que las personas que piensan que la vida es una lucha tienen que ser egoístas y proteger su pelea. También resulta que el egoísmo las lleva a tener una visión corta, a no hacerse responsables de sus actos ni asumir el impacto de sus acciones en el futuro.

Estoy seguro de que, si te observas con humildad, te darás cuenta de que a veces tú mismo o tú misma aplicas estas cadenas: "Quiero que mi situación mejore, pero estoy siendo egoísta porque deseo que mejore a costa del otro. Protejo lo mío porque me siento amenazado, y entonces me vuelvo egoísta y de visión corta".

A veces también entramos en la lucha constante, en el conflicto, en la pelea, en el "tengo que vencer, tengo que ser mejor, tengo que demostrar" y todo eso nos limita y atrapa en la visión acotada de las cosas, en esa parte tan humanamente egocentrista que nos hace pensar que tenemos juicios correctos y que las cosas deben ser como nosotros queremos o pensamos, olvidando que el universo es mucho más viejo, más grande y más sabio que uno mismo. Hay personas que dicen: "No entiendo cómo, si soy un alma pura y buena, todo me sale mal". Como conclusión salen las más divergentes explicaciones:

—El universo no me quiere.
—Me hicieron daño.
—Soy víctima de mi historia.
—Mis padres fueron malos.
—La vida es injusta.

Es mucho más fácil decir todo esto que hacernos responsables, al menos en parte, de la realidad que estamos viviendo y cocreando.

Y tú, querido lector, ¿puedes reconocer estas tres cadenas y mantenerte alerta para que no te atrapen?

La vida es libre y no necesitamos vivirla encadenados. El precio que a veces hay que pagar por la libertad es la consciencia.

Palabras finales

Yo crecí en un hogar como muchos otros, con sus conflictos y sus grandes momentos. Tuve una vida regida por ideas de lucha, de esfuerzo, con pensamientos que luego descubrí que no eran tan saludables, llena de experiencias agridulces y, por supuesto, también con muchas bendiciones, alegría y amigos, sonrisas y amor.

La concepción de la paz fue llegándome muy poco a poco en mis encuentros con grandes, extraordinarias y luminosas presencias. Uno de los más poderosos momentos de mi historia fue en Arunachala, una montaña sagrada en el sur de la India. Iba en búsqueda de un santo auténtico; lo encontré después de mucha persistencia y un gran deseo de hallarlo. Estaba sentado, casi desnudo, debajo de un árbol y llevaba décadas en meditación. Sé que puede resultar imposible para nuestras mentes, tan llenas de todo y tan vacías de esencia, creer que hay una persona que puede sentarse a meditar sin alimentarse, sin ir al baño, por décadas; pero él estaba ahí.

El encuentro es uno de los mayores regalos de mi vida y creo que fue efecto de un *dharma* sembrado con profundo amor muchos años antes. Al estar ahí me resultó casi indescriptible cómo la atmósfera que lo rodeaba era tan sagrada como un templo; aunque estábamos a la intemperie sobre un trozo de tierra salvaje, que era árida y con un calor terrible, ahí habitaba una profunda paz. Una luz del despertar se irradiaba de aquella persona de cuerpo tan pequeño. Cuando la miré, su paz me inundó y me permitió contemplar, en resonancia con su meditación, mi vida. Pude además mirar con profundidad a las personas con quienes tenía conflicto desde una perspectiva que jamás me hubiera imaginado. De pronto estaba ahí, mirando nuestra relación en vidas pasadas. Vi sus vidas y entonces tomé consciencia de que esa persona que yo pensaba que tanto daño me había hecho solo era una llamita más en el inmenso océano de las almas que evolucionan y ahora estaba encarnada aquí, viviendo igual que yo: de la mejor manera que podía vivir, haciendo en esta vida lo mejor que podía hacer.

Fueron horas las que pasé ahí, comprendiendo las experiencias que me había tocado vivir con una nitidez y una claridad completas, como si al estar ahí pudiera reconocer todos los capítulos de una gran serie con un final feliz. Y me llené de paz. A partir de entonces algo en mí se modificó. Dejé de luchar. Fui asumiendo y entendiendo que, si bien circunstancias adversas se presentaban, yo podía vivirlas y entenderlas desde la profundidad de la calma que me daba la paz.

Por supuesto que he tenido pérdidas, he tenido conflictos, he llorado y me he enojado muchas veces desde entonces, pero cuando voy adentro reconozco que detrás del dolor o del llanto hay paz.

He tenido la fortuna de aprender a vivir la paz, de hacerla mi amiga; he conseguido mantenerme armoniosamente en paz a pesar de las circunstancias, y esto me ha llenado de amor y gratitud por la vida. Hoy, muchos años después de aquellos gritos en la playa, cuando lo divino me respondió, puedo decirte que existe la felicidad verdadera y que efectivamente se llama paz.

Agradezco tanto que seas parte de este lindo camino, que a través de mis palabras pueda llegar a ti y que seas capaz de aspirar a vivir plenamente en paz. Cuando uno ha recibido mucho, tiene mucho que compartir con los demás. Yo disfruto compartiendo contigo estas líneas desde un ritmo perfecto y un buen *dharma*. Ahora resonamos juntos y nos sabemos parte de la unicidad. Compartimos la responsabilidad y una intención de que todo siempre ocurra para un bien mayor. Te recuerdo que la vida entona una canción y cuando somos espirituales es que podemos escucharla; incluso con intención y con un verdadero amor en el corazón, podemos ayudar a escribirla.

Que el canto de tu vida perfume el canto de los tuyos y que seas feliz... Que seas tú.

Lecturas recomendadas por Fer Broca

El Kybalión, Tres Iniciados, 2008

Este es un texto fundamental de la tradición hermética. Entre sus leyes encontramos principios como el de mentalismo y correspondencia. Es, sin duda, un libro sencillo y profundo, cuyas breves enseñanzas nos dan pautas indispensables para elevar nuestra consciencia.

Karma Manual: 9 Days to Change Your Life, John Mumford, 1999

Este libro es básico para comprender el karma y su ciclo, así como la diferencia entre karma y dharma y cómo esta red influye en nuestra vida. También es una guía para realizar un proceso personal de liberación del karma.

La historia de Lao Tsé, Chen Jian, 2015

Esta historia es fascinante, nutritiva e indispensable para comprender el Tao como sendero espiritual. El principio de Wu Wei que abordamos en 8 leyes universales proviene de esta rica tradición que Lao Tsé ayudó a crear.

La silla vacía: La enseñanza, no el maestro, Mike Boxhall, 2012

Este libro no habla explícitamente sobre la paz y, sin embargo, permite experimentarla. La silla vacía es un regalo para el alma de los buscadores, porque nos muestra cómo estar presentes y la importancia del servicio, de la enseñanza y, en general, de vivir aprendiendo.

Luz del alma: Selección de poemas de Rumi, Traducción de Mahmud Piruz y José María Bermejo, 2010

La poesía exalta el pensamiento, y Rumi es una perla preciosa dentro del universo de tesoros que es la literatura mística. Cuando contemplas las líneas, y no solamente las lees, sino que las disfrutas, las incorporas a tu corazón. Cada línea te lleva al flujo de la vida y a la comprensión de la existencia en su forma más pura.

Libros de interés relacionado de Inner Traditions

Sintoniza el biocampo humano
Sanación con terapia de sonido vibracional
por Eileen Day McKusick

En este libro premiado, Eileen McKusick proporciona un mapa preciso del biocampo energético que rodea el cuerpo, y nos muestra dónde se almacenan las emociones, traumas y dolores específicos. Por medio de su método de curación de sonido de Biofield Tuning, la autora detalla cómo usar los diapasones para localizar y eliminar el dolor y el trauma no resueltos y así restaurar el orden en el biocampo.

Lecciones de los 12 Arcángeles
Intervención divina en la vida cotidiana
por Belinda J. Womack

Belinda Womack era una científica que trabajaba en un laboratorio de biología cuando se encontró en presencia del Arcángel Gabriel y se dio cuenta de su vocación como canal de los Ángeles. En este libro, ella comparte lecciones de los 12 Arcángeles que curan heridas, liberan nuestros miedos y permiten que la vida se llene de poder divino.

Numerologia
Con Tantra, Ayurveda y Astrología
por Harish Johari

Johari explica cómo determinar nuestro número psíquico (representa la auto-imagen), el número del destino (pertenece al karma y a cómo nos perciben los demás) y el número del nombre (vida profesional y social). Da recomendaciones, basadas en los números, respecto a periodos fuertes y débiles del día o año, colores favorables y meditaciones a practicar para obtener salud y prosperidad.

Libros de interés

DMT
La molécula del espíritu
por Rick Strassman, M.D.

Las investigaciones de Strassman conecta DMT con la glándula pineal, considerada por Hindús la ubicación del séptimo chakra y por Rene Descartes la sede del alma. El libro argumenta que DMT, naturalmente liberado por la glándula pineal, facilita la entrada y salida del alma del cuerpo físico y es una parte integral de las experiencias de nacimiento y muerte.

Escribe el guion de la vida que quieres
Manifiesta tus sueños con tan solo lápiz y papel
por Royce Christyn

En esta guía paso a paso, llena de historias exitosas y ejercicios prácticos, Royce Christyn detalla un sencillo pero efectivo método de "guionización" para aprovechar la ley de la atracción y manifestar lo que deseas en tu vida, así sea felicidad, riquezas, viajes, amor, salud, la carrera perfecta, o sencillamente un día productivo.

Medicina ancestral
Rituales para la sanación personal y familiar
por Daniel Foor, Ph. D.

Ofreciendo una guía práctica para entender y navegar las relaciones con los espíritus de aquellos que han fallecido, Daniel Foor detalla como relacionarse de forma segura y efectiva con tus antepasados para lograr sanación personal, de linaje y cultural. Foor incluye ejercicios y rituales para iniciar el contacto con los antepasados.

Chakras en la práctica chamánica
Ocho etapas de sanación y transformación
por Susan J. Wright

En esta nueva edición, Wright muestra cómo trabajar con los chakras para curar heridas psíquicas no resueltas. Ella identifica ocho etapas de desarrollo de la vida, desde el nacimiento hasta la vejez/muerte, y vincula cada etapa a un chakra específico. El libro ofrece ejercicios físicos y meditaciones guiadas para cada chakra, ofreciendo a quienes practican una manera de curar traumas encerrados.

La cábala y el poder de soñar
Despertar a una vida visionaria
por Catherine Shainberg

Basada en la antigua tradición sefardí de la cábala, Shainberg expone prácticas esotéricas para desbloquear los poderes transformativos e intuitivos de la mente cuando soñamos. Al enseñar a la mente consciente a estar despierta durante el sueño y a la mente soñadora a manifestarse en la conciencia diurna, seremos capaces de revolucionar nuestra conciencia y lograr autorrealización.

Ritos de veneración del curanderismo
Invocando la energía sagrada
de nuestros ancestros
por Erika Buenaflor, MA, J.D.

Explorando los ritos de veneración ancestral de la antigua Mesoamérica y el curanderismo contemporáneo, Erika Buenaflor muestra cómo podemos reconectarnos con nuestros antepasados y dar forma a nuestras vidas. Ella comparte prácticas de elaboración de altares, ritos de limpieza, viajes de trance y trabajo energético, así como formas de invitar a tus antepasados a tomar un papel activo para intervenir en tu nombre.